CODE

DES

HABITATIONS A BON MARCHÉ

ET DE

LA PETITE PROPRIÉTÉ

TEXTE DE LA LOI DU 5 DÉCEMBRE 1922
RÉSUMÉ CHRONOLOGIQUE DES TRAVAUX PARLEMENTAIRES
TABLES — ANNEXES

Documentation à l'usage du Crédit Immobilier
réunie et présentée par

MAURICE DELAVIGNE

Directeur de la Société Centrale de Crédit Immobilier
Secrétaire général de l'Union des Sociétés de Crédit Immobilier
de France et d'Algérie

PUBLICATIONS DE L'UNION DES SOCIÉTÉS DE CRÉDIT IMMOBILIER
DE FRANCE & D'ALGÉRIE

20, Rue Saint-Augustin, PARIS 2
(Anciennement 9, Rue des Hérons, PARIS 1)

1923

COMITÉ FÉDÉRAL

DE

L'UNION DES SOCIÉTÉS DE CRÉDIT IMMOBILIER

DE

FRANCE ET D'ALGÉRIE

Président d'Honneur :

M. Alexandre RIBOT, Sénateur, Ancien Président du Conseil, Membre de l'Académie Française, Président d'honneur de la Société centrale de Crédit Immobilier.

BUREAU

Président :

M. Georges RISLER, C. ✳, Membre du Conseil supérieur des Habitations à bon marché, Président de la Société centrale de Crédit Immobilier, Président du Musée social.

Vice-Présidents :

M. Maxime DUCROCQ, O. ✳, Docteur en droit, Notaire à Lille, Membre du Conseil supérieur des Habitations à bon marché, Vice-Président du Comité de patronage des Habitations à bon marché et de la Prévoyance Sociale du département du Nord ;

M. Clément MASSON, O. ✳, Inspecteur général des Ponts et Chaussées, ancien Président de la Société de Crédit Immobilier du Pas-de-Calais.

Secrétaire - Trésorier :

M. René-Louis SALMON, Ingénieur des Ponts et Chaussées, Président de la Société de Crédit Immobilier de la Haute-Marne.

COMITÉ

Membres :

ARRAS-SAINT-OMER (Pas-de-Calais)

Titulaire : M. Clément MASSON, deuxième Vice-Président de « L'Union ».

Suppléant : M. Joseph LARDEUR-BECQUEREL, Propriétaire, Président de la Société de Crédit Immobilier de l'arrondissement de Saint-Omer.

BELFORT

Titulaire : M. Paul BLOCH, Notaire à Montbéliard (Doubs).

Suppléant : M. Ernest PERRON, Secrétaire de la Société d'Encouragement au Foyer à bon marché de l'Est.

BESANÇON (Doubs)

Titulaire : M. Charles KRUG, O. ✳, Maire de Besançon, Président honoraire de la Société de Crédit Immobilier et d'Encouragement à la petite propriété de Besançon.

Suppléant : M. Gaston ADLER, Ancien Industriel, Secrétaire-Membre de la Chambre de Commerce de Besançon, Président de la Société de Crédit Immobilier et d'Encouragement à la petite propriété de Besançon.

BORDEAUX (Gironde)

Titulaire : M. Charles CAZALET, C. ✳, Président du Comité de patronage des Habitations à bon marché et de la Prévoyance Sociale de la Gironde, Membre du Conseil supérieur des Habitations à bon marché, Membre de la Commission d'attribution des prêts de l'État aux Sociétés de Crédit Immobilier, Président de la Société de Crédit Immobilier de la Gironde.

Suppléant : M. Émile CAYREL, Avocat à la Cour d'appel de Bordeaux, Secrétaire du Comité juridique de la Société de Crédit Immobilier de la Gironde.

Voir la suite à la page 3 de la couverture

CODE

DES

HABITATIONS A BON MARCHÉ

ET DE

LA PETITE PROPRIÉTÉ

TEXTE DE LA LOI DU 5 DÉCEMBRE 1922
RÉSUMÉ CHRONOLOGIQUE DES TRAVAUX PARLEMENTAIRES
TABLES — ANNEXES

Documentation à l'usage du Crédit Immobilier
réunie et présentée par
MAURICE DELAVIGNE
Directeur de la Société Centrale de Crédit Immobilier
Secrétaire général de l'Union des Sociétés de Crédit Immobilier
de France et d'Algérie

PUBLICATIONS DE L'UNION DES SOCIÉTÉS DE CRÉDIT IMMOBILIER
DE FRANCE & D'ALGÉRIE
20, Rue Saint-Augustin, PARIS 2ᵉ
(Anciennement : 9, Rue Coq-Héron, PARIS 1ᵉʳ)

1923

CODE DES HABITATIONS A BON MARCHÉ
ET DE LA PETITE PROPRIÉTÉ

Loi du 5 Décembre 1922, portant codification des lois sur les Habitations à Bon Marché et la Petite Propriété (Journ. Off. du 10 décembre 1922).

TITRE PREMIER

Champ d'application

1. — **Art. 1er.** Les présentes dispositions ont pour objet d'encourager la construction de maisons salubres et à bon marché en faveur des personnes peu fortunées et notamment des travailleurs vivant principalement de leur salaire.

2. — **Art. 2.** Les avantages concédés par la présente loi s'appliquent aux maisons destinées à l'habitation collective lorsque la valeur locative de chaque logement ne dépasse pas, au moment de la construction, les maxima déterminés ci-après :

(Voir le tableau à la page suivante)

3. — Le bénéfice des présentes dispositions est acquis par cela seul que la destination principale de l'immeuble est d'être affecté à des habitations à bon marché. Toutefois, les exonérations d'impôts accordés par l'article 60 ne s'appliqueront qu'aux parties de l'immeuble réellement occupées par des logements à bon marché.

TRAVAUX PARLEMENTAIRES. — CHAMBRE DES DÉPUTÉS. — Projet de loi présenté par M. Jules-Louis Breton, Ministre de l'Hygiène, de l'Assistance et de la Prévoyance sociales, le 20 avril 1920 (Doc. parl. annexe n° 711, J. O. du 25 août 1920, p. 686). Rapport de M. Bovier-Lapierre, le 22 juin 1920 (Doc. parl., annexe n° 1128, J. O. du 20 octobre 1920, p. 1830). — Rapport supplémentaire de M. Bovier-Lapierre, le 17 décembre 1920 (Doc. parl., annexe n° 1859, J. O. du 19 janvier 1921, p. 470). — Adoption sans discussion, avec modifications, le 30 décembre 1920 (Déb. parl. J. O. du 31, p. 4164). — SÉNAT. — Transmission le 3 février 1921 (Doc. parl., annexe n° 22, J. O. du 26 mars 1921, p. 105). — Rapport de M. Paul Strauss, le 2 juin 1921 (Doc. parl., annexe n° 394, J. O. du 8 novembre 1921, p. 1012). — Rapport supplémentaire de M. Vayssière, le 9 mars 1922 (Doc. parl., annexe n° 163, J. O. du 24 mai 1922, p. 118). — Déclaration de l'urgence et adoption, sans discussion, avec modifications, le 27 juin 1922 (Déb. parl. J. O. du 28, p. 955). — CHAMBRE DES DÉPUTÉS. — Retour à la Chambre des députés le 7 juillet 1922 (Doc. parl., annexe n° 4755, J. O. du 11 novembre 1922, p. 1708). — Rapport de M. Bovier-Lapierre, le 24 octobre 1922 (Doc. parl., annexe n° 4953, J. O. du 12 décembre 1922, p. 74). — Adoption sans discussion, le 23 novembre 1922 (Déb. parl., J. O. du 24, p. 3408).

DÉSIGNATION	LOGEMENTS							
	comprenant trois pièces habitables ou plus, de 9 mètres superficiels au moins, avec cuisine et water-closets et ayant une superficie totale d'habitation entre les murs et cloisons.		comprenant deux pièces habitables de 9 mètres superficiels au moins, avec cuisine et water-closets et ayant une superficie totale d'habitation entre les murs et cloisons.		comprenant une pièce destinée à l'habitation de 9 mètres superficiels au moins, et cuisine et ayant une superficie totale d'habitation entre les murs et cloisons,		comprenant une chambre isolée de 9 mètres superficiels au moins et ayant une superficie totale d'habitation entre les murs et cloisons,	
	De 35 à 45 m²	De plus de 45 m²	De 25 à 35 m²	De plus de 35 m²	De 15 à 25 m² avec ou sans W.-C.	De plus de 25 m² avec W.-C.	De 9 à 15 m² avec ou sans W.-C.	De plus de 15 m² avec W.-C.
	1	1 bis	2	2 bis	3	3 bis	4	4 bis
	fr.	fr.	fr.	fr.	fr.	fr.	fr.	fr.
1° Communes de moins de 40.000 habitants..........................	672	728	546	595	420	455	210	231
2° Communes de plus de 40,000 habitants et banlieue de ces communes dans un rayon de 20 kilomètres................	840	910	672	728	504	546	294	322
3° Ville de Paris et département de la Seine...............................	1.008	1.092	840	910	588	637	336	364

4. — Bénéficieront également des avantages de la loi les maisons individuelles dont la valeur locative ne dépassera pas de plus d'un cinquième le chiffre déterminé ci-dessus. Seront considérés comme dépendances de la maison pour l'application des présentes dispositions, sauf en ce qui concerne l'exemption temporaire d'impôt foncier, les jardins d'une superficie de 10 ares, au plus, attenant ou non attenant aux constructions et possédés dans la même localité par les mêmes propriétaires.

5. — Pour l'application des présentes dispositions, la valeur locative des logements sera déterminée par le prix du loyer porté dans les baux, augmenté, le cas échéant, du montant des charges autres que celles de salubrité (eaux, vidanges, etc.) et d'assurance contre l'incendie ou sur la vie. La valeur locative des maisons individuelles sera fixée à 4 % du prix réel de revient de l'immeuble. Dans ce prix de revient la valeur du terrain ne sera comprise que pour la portion afférente à la surface couverte ou entourée par la construction. Le prix des canalisations pour amenée d'eaux et pour évacuation des vidanges et eaux usées jusqu'à leur entrée dans la maison ne sera pas compris dans l'évaluation de son prix de revient. Il en sera de même du prix des appareils d'épuration des vidanges et des eaux usées. Les propriétaires devront justifier de l'exactitude des bases d'évaluation par la production de tous documents utiles (contrats, devis, mémoires, etc). A défaut de justifications ou en cas de justifications insuffisantes, la valeur locative sera déterminée suivant les règles prévues par l'article 12, paragraphe 3 de la loi du 15 juillet 1880.

6. — Les maisons destinées à l'habitation collective qui sont affectées à des locations meublées, au mois, à la semaine ou à la journée, ne bénéficient des avantages des présentes dispositions que si elles sont exploitées en location par des sociétés d'habitations à bon marché approuvées et si les prix de location mensuelle, hebdomadaire ou quotidienne, y compris la jouissance des services généraux (cuisines, restaurants, salles de réunions, etc.) n'excèdent pas le douzième, le cinquante-deuxième ou le trois-cent-soixantième des valeurs locatives maxima respectivement spécifiées à la deuxième ou à la troisième colonne du tableau ci-dessus suivant que le logement se compose de deux chambres ou d'une chambre Ces prix doivent toujours rester affichés dans les locaux en location.

7. — **Art. 3.** Les comités de patronage prévus à l'article 75 certifieront la salubrité des maisons et logements qui doivent bénéficier des avantages des présentes dispositions. S'ils refusent ce certificat ou s'ils négligent de le délivrer dans les trois mois de la demande qui leur en sera faite, les intéressés pourront se pourvoir devant le Ministre de l'Hygiène, de l'Assistance et de la Prévoyance sociales qui statuera, après avis du Préfet et du Comité permanent du Conseil supérieur des habitations à bon marché. Ils pourront soumettre à l'approbation du Ministre de l'Hygiène, de l'Assistance et de la Prévoyance sociales des règlements indiquant les conditions que devront remplir les constructions pour être agréées.

8. — Tant que les maisons et logements bénéficient des avantages des présentes dispositions, les comités de patronage ont le droit de s'assurer que les conditions de salubrité subsistent. Si les maisons ou logements cessent d'être salubres par suite de modifications dans les aménagements, le comité de patronage peut retirer le certificat de salubrité. Sa

décision motivée est notifiée au propriétaire qui a un délai d'un mois pour se pourvoir devant le Ministre de l'Hygiène, de l'Assistance et de la Prévoyance sociales.

TITRE II

Sociétés d'habitations à bon marché. — Offices publics d'habitations à bon marché. — Sociétés de crédit immobilier.

PREMIÈRE SECTION. — *Sociétés d'habitations à bon marché*

9. — **Art. 4.** Les sociétés ne seront admises au bénéfice des présentes dispositions qu'autant que leurs statuts, approuvés par le Ministre de l'Hygiène, de l'Assistance et de la Prévoyance sociales, sur les avis du comité de patronage et du conseil supérieur institué par l'article 80, limiteront leurs dividendes annuels à un chiffre maximum. Toutefois, ces avis ne seront pas nécessaires lorsque les statuts seront conformes aux statuts-types arrêtés par le Ministre de l'Hygiène, de l'Assistance et de la Prévoyance sociales après avis du comité permanent du Conseil supérieur.

10. — L'approbation pourra être retirée dans la même forme, s'il est établi après enquête que les sociétés font des opérations de construction ou de crédit sur des maisons qui ne répondent pas aux conditions prévues par les présentes dispositions.

11. — Les sociétés existant au moment de la promulgation de la loi du 12 avril 1906 jouiront, au même titre que celles qui se sont fondées après la promulgation de la loi, des faveurs et immunités qu'elle concède, à la condition de modifier leurs statuts, le cas échéant, conformément à ces prescriptions.

12. — Le présent article est applicable aux sociétés de bains-douches, aux sociétés de jardins ouvriers et aux sociétés fonctionnant pour l'acquisition de champs et jardins dans les conditions prévues par l'article 46.

13. — **Art. 5.** Lors de l'expiration d'une société d'habitations à bon marché approuvée par le Ministre de l'Hygiène, de l'Assistance et de la Prévoyance sociales, ou en cas de dissolution anticipée, l'assemblée générale appelée à statuer sur la liquidation ne pourra, après payement du passif et remboursement du capital versé, attribuer la portion d'actif qui excéderait le montant des réserves établies au 31 décembre 1911 et la moitié du capital social versé qu'à une ou plusieurs autres sociétés régies par les présentes dispositions, sous réserve de l'approbation du Ministre de l'Hygiène, de l'Assistance et de la Prévoyance sociales, après avis du Conseil supérieur des habitations à bon marché.

14. — Les actes constatant l'attribution d'actif net faite à une ou plusieurs sociétés similaires par une société d'habitations à bon marché, en vertu du paragraphe précédent, ne donneront lieu, lors de l'enregistrement, qu'à la perception d'un droit fixe de 6 francs quelle que soit la nature des biens compris dans l'actif net attribué. La formalité de la

transcription à la conservation des hypothèques sera opérée, s'il y a lieu, moyennant le droit fixe de un franc.

15. — **Art. 6.** Il est interdit de donner le nom de société d'habitations à bon marché à toute société non approuvée par le Ministre de l'Hygiène, de l'Assistance et de la Prévoyance sociales en conformité des dispositions de la présente loi. Les sociétés qui avaient ce titre antérieurement à la promulgation de la loi du 23 décembre 1912 devront spécifier dans leurs contrats, prospectus, affiches et tous autres documents, qu'elles ne sont point approuvées par le Ministre de l'Hygiène, de l'Assistance et de la Prévoyance sociales.

16. — Les fondateurs et administrateurs des sociétés contrevenant au présent article sont passibles d'une amende de 25 francs à 3.000 francs et d'un emprisonnement de un à trois mois.

17. — Les tribunaux peuvent ordonner l'insertion et l'affichage des jugements et la suppression de la dénomination de société d'habitations à bon marché à peine d'une astreinte pour chaque jour de retard. L'article 463 du Code pénal et la loi du 26 mars 1891 sont applicables aux condamnations prononcées en vertu du présent article.

18. — **Art. 7.** Par dérogation aux dispositions de l'article 49 de la loi du 24 juillet 1867 sur les sociétés, le capital social des sociétés coopératives d'habitations à bon marché pourra être porté par les statuts constitutifs à 500.000 francs et chacune des augmentations de capital effectuée d'année en année pourra atteindre la même somme.

2° Section. — *Offices publics d'habitations à bon marché*

I. Institution.

19. — **Art. 8.** Il pourra être institué des offices publics d'habitations à bon marché, qui auront pour objet exclusif l'aménagement, la construction et la gestion d'immeubles salubres régis par les présentes dispositions, ainsi que l'assainissement de maisons existantes, la création de cités-jardins ou de jardins ouvriers.

20. — Ces immeubles peuvent comprendre les locaux à usages communs, tels que buanderies, bains-douches, garderies d'enfants, terrains de jeux, etc.

21. — Il peut y être annexé des boutiques à destination commerciale, pourvu qu'il n'y soit pas vendu de boissons alcooliques.

22. — **Art. 9.** Les offices publics d'habitations à bon marché constituent des établissements publics.

23. — Ils sont créés par décrets rendus en Conseil d'État sur la proposition du Ministre de l'Intérieur et du Ministre de l'Hygiène, de l'Assistance et de la Prévoyance sociales, à la demande soit d'un conseil municipal, soit des conseils municipaux de communes ayant à cet effet constitué un syndicat en conformité du titre VIII de la loi du 5 avril 1884, soit d'un conseil général et après avis des comités de patronage des

habitations à bon marché et de la prévoyance sociale intéressés et du comité permanent du Conseil supérieur des habitations à bon marché.

II. Administration.

24. — **Art. 10.** Les offices sont gérés par un conseil d'administration composé de dix-huit membres, savoir :

25. — Six membres nommés par le préfet parmi les personnes particulièrement compétentes en matière d'hygiène ou de construction et de gestion d'habitations populaires ;

26. — Six membres désignés, suivant les cas, soit par le conseil municipal, soit par le comité du syndicat des communes, soit par le conseil général ;

27. — Six membres élus par les institutions ci-après, existant dans la circonscription de l'office ;

28. — Un membre, par les comités de patronage des habitations à bon marché et de la prévoyance sociale ;

29. — Un membre, par les sociétés approuvées d'habitations à bon marché ;

30. — Un membre, par le bureau des sociétés et unions de sociétés de secours mutuels ;

31. — Un membre, par le conseil départemental d'hygiène ;

32. — Un membre, par les conseil des directeurs des caisses d'épargne ;

33. — Un membre, par les unions de syndicats.

34. — A défaut d'institutions des catégories susdésignées, ou faute par elles de procéder aux élections et, dans ce dernier cas, après une mise en demeure du préfet non suivie d'effet dans la quinzaine, il est pourvu directement à ces vacances par le conseil d'administration de l'office.

35. — Ainsi constitué, le conseil d'administration peut s'adjoindre deux locataires des immeubles qu'il gère.

36. — Les femmes peuvent faire partie du conseil d'administration.

37. — Le mandat de tous les administrateurs est gratuit.

38. — Le conseil d'administration nomme son président et son bureau.

39. — **Art. 11.** Les dispositions des articles 4 et 5 de la loi du 21 mai 1873, modifiés par la loi du 5 août 1879, et concernant la durée du mandat, le renouvellement et la révocation des membres des commissions administratives des bureaux de bienfaisance et des hospices, ainsi que la dissolution de ces commissions administratives, sont applicables aux conseils d'administration des offices publics d'habitations à bon marché et à leurs membres.

40. — Toutefois, les attributions conférées par l'article 5 de la loi du 21 mai 1873 au Ministre de l'Intérieur sont, en ce qui concerne les offices publics d'habitations à bon marché, exercées par lui, après avis du Ministre de l'Hygiène, de l'Assistance et de la Prévoyance sociales.

41. — **Art. 12.** Le conseil d'administration règle par ses délibérations les affaires de l'office. Toutefois, ne sont exécutoires qu'après avoir été

approuvées par l'autorité supérieure, les délibérations portant sur les objets suivants :

42. — 1° Les aliénations et échanges d'immeubles ou de titres de valeurs mobilières ;

43. — 2° Les acquisitions d'immeubles, ainsi que les projets, plans et devis de constructions et de grosses réparations ;

44. — 3° Les budgets ;

45. — 4° Les emprunts.

46. — **Art. 13.** Les délibérations énoncées à l'article précédent sous les n°ˢ 1, 2 et 3 sont exécutoires sur l'approbation du préfet après avis soit du conseil municipal, soit du comité du syndicat des communes, soit de la commission départementale, après avis du comité de patronage des habitations à bon marché et de la prévoyance sociale.

47. — Les délibérations concernant les emprunts sont exécutoires, en vertu d'un arrêté du préfet, après avis dans les mêmes formes ; cependant, si la somme à emprunter dépasse 3 millions de francs ou si, réunie au chiffre des autres emprunts non encore remboursés, elle dépasse 3 millions de francs, l'emprunt ne peut être autorisé que par un décret du Président de la République, pris sur le rapport du Ministre de l'Intérieur, après avis du Ministre de l'Hygiène, de l'Assistance et de la Prévoyances sociales.

48. — **Art. 14.** A défaut d'un administrateur délégué à cet effet par le conseil d'administration, le président administre les finances de l'office et ordonnance toutes les dépenses.

49. — **Art. 15.** Les recettes et les dépenses de l'office s'effectuent par un comptable chargé seul et sous sa responsabilité de poursuivre la rentrée de tous les revenus de l'office et de toutes les sommes qui lui seraient dues, ainsi que d'acquitter les dépenses ordonnancées, jusqu'à concurrence des crédits régulièrement accordés.

50. — **Art. 16.** Les receveurs des offices publics d'habitation à bon marché sont nommés par le préfet sur une liste de trois personnes présentées par le conseil d'administration.

51. — Ils sont tenus de fournir un cautionnement, dont le montant est déterminé d'après les règles fixées par l'article 42 de la loi du 26 décembre 1908, relatif au cautionnement des receveurs spéciaux.

52. — Les receveurs sont suspendus par le préfet et révoqués par le Ministre de l'Intérieur.

53. — Les dispositions des articles 157 et 159 de la loi du 5 avril 1884, concernant l'apurement des comptes de gestion des receveurs municipaux et les délais dans lesquels lesdits comptes doivent être présentés, sont applicables aux comptes de gestion des receveurs des offices publics d'habitations à bon marché.

54. — **Art. 17.** Les loyers des immeubles gérés par les offices ne doivent pas être inférieurs de plus des deux cinquièmes aux maxima de

valeurs locatives fixés par l'article 2, ou de plus de moitié quand les locaux sont loués à des familles de plus de trois enfants âgés de moins de seize ans.

III. Patrimoine.

55. — **Art. 18.** Le patrimoine des offices est formé notamment à l'aide :

56. — 1° De la dotation mobilière et immobilière que les conseils municipaux intéressés ou le conseil général leur constituent ;

57. — 2° De dons et legs.

3° Section. — *Sociétés de crédit immobilier*

58. — **Art. 19.** Les sociétés de crédit immobilier ont pour objet :

59. — 1° De consentir aux emprunteurs remplissant les conditions prévues par la présente loi des prêts hypothécaires individuels destinés soit à l'acquisition de champs ou jardins dans les termes indiqués à l'article 46, soit à l'acquisition ou à la construction de maisons individuelles à bon marché ;

60. — 2° De faire des avances aux sociétés d'habitations à bon marché, constituées selon la présente loi, pour celles de leurs opérations effectuées en conformité du paragraphe précédent ;

61. — 3° De consentir, dans les conditions prévues par la présente loi, aux personnes visées à l'article 51 ci-après ainsi qu'aux personnes qui ont été énumérées dans l'article premier de la loi du 9 avril 1918, des prêts individuels hypothécaires pour leur faciliter l'acquisition, l'aménagement, la transformation et la reconstitution des petites exploitations rurales dont la valeur n'excède pas 40.000 francs, quelle qu'en soit la surface.

62. — **Art. 20.** Lors de l'expiration d'une société de crédit immobilier, ou en cas de dissolution anticipée, l'assemblée générale appelée à statuer sur la liquidation ne pourra, après payement du passif et remboursement du capital versé, attribuer la portion d'actif qui excéderait la moitié de la quotité du capital social versé qu'à une ou plusieurs autres sociétés de crédit immobilier régies par la présente loi, sous réserve de l'approbation du Ministre de l'Hygiène, de l'Assistance et de la Prévoyance sociales, après avis du Conseil supérieur des habitations à bon marché.

63. — Les dispositions de l'alinéa précédent ne sont applicables qu'aux sociétés ayant obtenu des prêts postérieurement à la promulgation de la loi du 26 février 1912.

64. — Les dispositions du 2° paragraphe de l'article 5 du présent titre sont applicables aux sociétés de crédit immobilier.

65. — **Art. 21.** Sont étendus aux sociétés de crédit immobilier tous les privilèges accordés aux sociétés de crédit foncier pour la sûreté et le

recouvrement des prêts par le décret du 28 février 1852 et la loi du 10 juin 1853.

66. — La dispense de renouvellement décennal des inscriptions hypothécaires, prévue à l'article 34 de la loi du 5 août 1920 en faveur des Caisses de crédit mutuel agricole, est étendue à tous les prêts consentis par les sociétés de crédit immobilier par application des dispositions du présent titre.

TITRE III

Concours de l'État, des départements, des communes et de divers établissements.

Première Section. — *Avances de l'État*

I. Aux offices publics, aux sociétés et aux fondations d'habitations à bon marché.

67. — **Art. 22.** Des prêts peuvent être consentis par l'Etat aux offices publics, aux sociétés et aux fondations d'habitations à bon marché en vue de l'acquisition, de la construction, de l'aménagement ou de l'assainissement de maisons à bon marché, ou de l'acquisition de petites propriétés dans les conditions prévues par les présentes dispositions.

68. — Ils seront effectués au taux de 2 %, si les fonds sont employés à faciliter l'acquisition, la construction, l'aménagement ou l'assainissement de maisons individuelles à bon marché ou l'acquisition de petites propriétés dans les termes de la présente loi. Ils seront effectués au taux de 2,50 %, si les fonds sont employés à l'acquisition, à la construction, à l'aménagement ou à l'assainissement de maisons à bon marché ou bien à l'acquisition de petites propriétés destinées à la location simple.

69. — Le montant des prêts ne pourra dépasser 60 % du prix de revient ou d'acquisition des immeubles. Toutefois, cette proportion pourra être portée à 75 % lorsque le remboursement des prêts sera garanti par un département ou une commune dans les conditions prévues par les présentes dispositions.

70. — Le montant cumulé des prêts consentis par application des présentes dispositions, et des subventions accordées en vertu de l'article 59 ne pourra dépasser 85 % du prix de revient ou d'acquisition des immeubles.

71. — La durée de remboursement des prêts ne pourra excéder quarante ans.

72. — Les prêts seront subordonnés à l'inscription d'une hypothèque de premier rang, à moins que le payement des annuités ne soit garanti par la commune ou le département.

73. — Le présent article est applicable aux sociétés de bains-douches, aux sociétés de jardins ouvriers et aux sociétés fonctionnant pour l'acquisition de champs et jardins dans les conditions prévues par l'article 46.

74. — Pour toutes les opérations comportant l'acquisition d'une maison individuelle à bon marché ou d'une petite propriété, l'emprunteur devra contracter une assurance temporaire auprès de la Caisse nationale, en vue de garantir le remboursement du prêt qu'il aura obtenu. Lorsque l'emprunteur n'aura pas été admis à contracter l'assurance,

celle-ci pourra être souscrite par son conjoint ou par un tiers s'ils s'engagent solidairement au remboursement du prêt, et elle garantira, en cas de décès de ce conjoint ou de ce tiers, le payement des annuités restant à échoir à cette époque.

75. — Cette assurance sera contractée au moyen d'une prime unique dont le montant pourra être incorporé au prêt, sans entrer en ligne de compte au point de vue des limitations édictées aux paragraphes 3 et 4 du présent article.

76. — **Art. 23.** Le montant des avances consenties en vertu tant de l'article 3 de la loi du 24 octobre 1919 que de l'article 22 des présentes dispositions, demeure fixé au total de 300 millions de francs.

77. — Le Ministre des Finances est autorisé à se procurer les fonds nécessaires, dans les limites d'un crédit ouvert chaque année par la loi de finances, au moyen d'avances qui pourront être faites au Trésor par la Caisse des dépôts et consignations sur le fonds de réserve et de garantie des caisses d'épargne et, à défaut, sur les fonds versés par les caisses d'épargne. Ces avances seront représentées par des titres d'annuités dont les intérêts seront réglés trimestriellement au taux moyen du revenu ressortant de l'ensemble des placements de fonds des caisses d'épargne effectués par la Caisse des dépôts et consignations pendant l'année précédant la réalisation des prêts, à l'exception des emplois à court terme.

78. — **Art. 24.** Les prêts seront effectués pour le compte de l'État par la Caisse des dépôts et consignations sur la désignation de la Commission spéciale instituée auprès du Ministre de l'Hygiène, de l'Assistance et de la Prévoyance sociales.

79. — Cette Commission est nommée par décret sur la proposition du Ministre de l'Hygiène, pour une durée de cinq ans ; elle est composée de seize membres, ainsi qu'il suit :

80. — Le Ministre de l'Hygiène, de l'Assistance et de la Prévoyance sociales, président ;

81. — Deux sénateurs ;

82. — Deux députés ;

83. — Un membre du Conseil d'État ;

84. — Un membre de la Cour des Comptes ;

85. — Deux fonctionnaires du Ministère des Finances ;

86. — Le directeur général de la Caisse des dépôts et consignations ou son délégué ;

87. — Le chef de la division des habitations à bon marché et de l'épargne ou son délégué ;

88. — Le directeur de l'Hydraulique et des Améliorations agricoles ou son délégué ;

89. — Un représentant des offices publics d'habitations à bon marché ;

90. — Un représentant des sociétés d'habitations à bon marché ;

91. — Deux membres du Conseil supérieur des habitations à bon marché.

92. — Le décret désigne le vice-président de la Commission, ainsi qu'un chef ou sous-chef de bureau du Ministère de l'Hygiène, de l'Assistance et de la Prévoyance sociales, qui remplit les fonctions de secrétaire.

93. — **Art. 25.** Les frais d'administration afférents au service des prêts seront remboursés chaque année à la Caisse des dépôts et consignations.

94. — Les remboursements à effectuer par les offices publics, sociétés et fondations d'habitations à bon marché, par les sociétés et unions de sociétés de secours mutuels, par les dispensaires publics et par les dispensaires privés visés à l'article 33 ci-après sont passibles d'intérêts de retard calculés au taux de 5 %, à l'expiration du délai de quinzaine suivant une mise en demeure par lettre recommandée.

95. — Le recouvrement des sommes non remboursées dans un délai de trois mois et des intérêts de retard y relatifs est poursuivi par l'agent judiciaire du Trésor.

II. Aux sociétés de crédit immobilier, aux sociétés coopératives d'habitations à bon marché, aux associations reconnues d'utilité publique, aux sociétés et unions de sociétés de secours mutuels et aux dispensaires d'hygiène sociale et de préservation antituberculeuse.

A. — Aux sociétés de crédit immobilier

96. — **Art. 26.** Des prêts au taux de 2 % peuvent être consentis par l'État aux sociétés de crédit immobilier. Pour obtenir ces prêts, les sociétés devront se constituer sous la forme anonyme et au capital minimum de cent mille francs (100.000 fr.).

97. — Le dividende annuel à servir aux actionnaires ne devra pas dépasser quatre pour cent (4 %).

98. — **Art. 27.** Les sommes restant dues par une société de crédit immobilier ne pourront dépasser la somme calculée comme il suit :

99. — 1° La moitié du capital restant à appeler ;

100. — 2° Le montant des rentes ou valeurs garanties par l'État appartenant à la société et déposées à la Caisse des dépôts et consignations ;

101. — 3° Les créances sur première hypothèque, jusqu'à concurrence des six dixièmes (6/10) au plus du prix d'achat ou de revient des immeubles affectés à leur garantie ;

102. — 4° La réserve mathématique des polices d'assurance sur la vie pour lesquelles la société a fait l'avance des primes.

103. — Toutefois, les créances hypothécaires pourront être comprises dans l'évaluation de la somme susvisée pour sept dixièmes (7/10) du prix de revient des immeubles hypothéqués si la commune ou le département garantit le payement des annuités correspondant à l'avance complémentaire d'un dixième, que la société aura ainsi reçue de l'État.

104. — Pendant toute la durée du remboursement des prêts à 2 %, les sociétés ne pourront consentir valablement de cessions de créances hypothécaires sans l'autorisation de la Commission d'attribution visée à l'article suivant.

105. — **Art. 28.** Le total des avances consenties par l'État, tant en vertu de l'article 2 de la loi du 10 avril 1908, que de l'article 26 du

présent titre, demeure fixé à deux cents millions de francs (200.000.000 fr.).

106. — Le Ministre des Finances est autorisé à se procurer les fonds nécessaires dans les limites d'un crédit ouvert chaque année par la loi de finances, au moyen d'avances qui pourraient être faites au Trésor par la Caisse nationale des retraites pour la vieillesse. Ces avances seront représentées par des titres d'annuités dont les intérêts seront réglés trimestriellement, au taux moyen du revenu ressortant de l'ensemble des placements de fonds effectués par ladite Caisse pendant l'année précédant les réalisations des avances. à l'exception des emplois à court terme..

107. — Les prêts aux sociétés sont effectués, pour le compte de l'Etat, par la Caisse nationale des retraites, sur la désignation de la Commission spéciale prévue par l'article 24. Pour l'examen de ces demandes de prêts, la Commission comprendra deux représentants des sociétés de crédit immobilier, en remplacement du représentant des offices publics d'habitations à bon marché et du représentant des sociétés d'habitations à bon marché. Les frais d'administration afférents à ce service sont remboursés chaque année à la Caisse nationale.

108. — **Art. 29.** Les remboursements à effectuer par les sociétés sont passibles d'intérêts de retard calculés au taux de 4 % à partir de leur échéance, s'ils n'ont pas été opérés dans le mois de cette échéance.

109. — Le recouvrement des sommes non remboursées dans un délai de trois mois et des intérêts de retard y relatifs est poursuivi par l'agent judiciaire du Trésor.

B. — Aux sociétés coopératives d'habitations a bon marché, aux associations reconnues d'utilité publique, aux sociétés et unions de sociétés de secours mutuels et aux dispensaires d'hygiène sociale et de préservation antituberculeuse.

110. — **Art. 30.** Des prêts peuvent être consentis directement par l'Etat, au taux et dans les conditions prévus par les articles 26 et suivants aux sociétés coopératives d'habitations à bon marché qui justifient du versement d'un capital d'au moins 25.000 fr. et de la garantie pour le payement des annuités du prêt, soit d'une caution solvable s'obligeant solidairement, soit de la commune ou du département, qui ne pourront obliger l'Etat à discuter tout d'abord le débiteur principal.

111. — **Art. 31.** Les sommes restant dues par une société coopérative d'habitations à bon marché ne pourront dépasser :

112. — 1° Le montant des rentes ou valeurs garanties par l'Etat appartenant à la société et déposées à la Caisse des dépôts et consignations ;

113. — 2° La réserve mathématique des polices d'assurances sur la vie pour lesquelles la société a fait l'avance des primes ;

114. — 3° Les sept dixièmes du prix d'achat ou de revient des immeubles dont la valeur se trouve représentée pour un cinquième au moins par la libération d'actions souscrites par des actionnaires remplissant les conditions prévues par l'article 45. Lesdits immeubles doivent

faire l'objet d'affectations hypothécaires au profit de la commune ou du département qui a donné sa garantie.

115. — En ce qui concerne les prêts que les sociétés auraient consentis à des actionnaires visés par l'alinéa précédent, la proportion de sept dixièmes s'applique aux créances hypothécaires de la société, dans les termes du paragraphe 3° et de l'avant-dernier alinéa de l'article 27.

116. — **Art. 32.** Les associations reconnues d'utilité publique pourront être admises, par arrêté du Ministre de l'Hygiène, de l'Assistance et de la Prévoyance sociales, après avis du Ministre des Finances et du Conseil supérieur des habitations à bon marché, à bénéficier d'avances de l'Etat dans les mêmes conditions que les sociétés de crédit immobilier régies par la présente loi, à charge :

117. — 1° De limiter leurs opérations de prêts à leurs seuls adhérents et dans les conditions spécifiées par le présent titre ;

118. — 2° D'effectuer ces prêts à un taux qui ne peut dépasser 2,25 % ;

119. — 3° De déposer, préalablement, à la Caisse des dépôts et consignations, un cautionnement de 100.000 francs en valeurs de l'Etat ou garanties par l'Etat.

120. — **Art. 33.** Les dispositions de l'article précédent pourront s'appliquer également aux sociétés et unions de sociétés de secours mutuels qui auront demandé cette application en vertu de délibérations prises dans les conditions déterminées par le troisième alinéa de l'article 20 de la loi du 1er avril 1898. Les sociétés et unions reconnues d'utilité publique et approuvées peuvent, en ce cas, affecter au cautionnement prévu par l'article précédent des fonds déposés à la Caisse des dépôts et consignations en compte courant disponible, conformément à l'article 21 de la loi du 1er avril 1898, sans perdre le bénéfice dudit article.

121. — Les sociétés et les unions de sociétés de secours mutuels lorsqu'elles organiseront un dispensaire dans les conditions de la loi du 15 avril 1916, bénéficieront, ainsi que les dispensaires publics et les dispensaires privés, visés à l'article 9 de ladite loi, de prêts au taux de 2 % dans les conditions prévues aux articles 22, 23, 24 et 25 de la présente loi. Les départements, communes et autres collectivités qui seront dans l'obligation de recourir à l'emprunt pour participer à la création d'un sanatorium public bénéficieront des mêmes facilités de crédit.

III. Dispositions générales.

122. — **Art. 34.** Les offices publics, sociétés et associations qui obtiennent des prêts dans les conditions prévues par les articles précédents sont soumis au contrôle de l'inspection des finances jusqu'à complet remboursement des prêts.

2ᵉ SECTION. — *Concours apportés par les départements, les communes, les bureaux de bienfaisance et d'assistance, les hospices, les hôpitaux et les Caisses d'épargne.*

123. — **Art. 35.** Les bureaux de bienfaisance et d'assistance, les hospices et hôpitaux peuvent, avec l'autorisation du préfet, employer une partie de leur patrimoine soit en prêts aux sociétés de construction de maisons à bon marché et aux sociétés de crédit, qui, ne construisant pas elles-mêmes, ont pour objet de faciliter l'achat, la construction ou l'assainissement de ces maisons, soit en obligations ou actions de ces sociétés, lesdites actions entièrement libérées et ne pouvant dépasser les deux tiers du capital social. Le montant cumulé des emplois de fonds autorisés par le présent paragraphe et par l'article 43 ne pourra excéder deux cinquièmes du patrimoine des établissements susvisés.

124. — L'alinéa précédent est applicable aux sociétés de bains-douches, aux sociétés de jardins ouvriers et aux sociétés fonctionnant pour l'acquisition de champs ou jardins dans les conditions prévues par l'article 46.

125. — Les communes et les départements peuvent employer leurs ressources en prêts, en obligations ou, dans les conditions ci-dessus spécifiées, en actions des sociétés susvisées, sous réserve : 1° que les maisons ne puissent être aliénées au-dessous du prix de revient ni louées à des prix inférieurs de plus de deux cinquièmes aux maxima de valeurs locatives spécifiés par l'article 2 ci-dessus ou de plus de moitié pour les locaux loués à des familles de plus de trois enfants âgés de moins de seize ans ; 2° que ces emplois de fonds soient préalablement approuvés par décision du Ministre de l'Hygiène, de l'Assistance et de la Prévoyance sociales, après avis du comité permanent du Conseil supérieur des habitations à bon marché, aux délibérations duquel participera, pour ces affaires, le directeur de l'Administration départementale et communale au Ministère de l'Intérieur.

126. — Sous réserve d'approbation, dans les mêmes formes, les communes et les départements peuvent faire apport aux sociétés susvisées de terrains ou de constructions, pourvu que la valeur attribuée à ces apports ne soit pas inférieure à leur valeur réelle, établie par expertise.

127. — Ils peuvent de même : 1° céder de gré à gré aux sociétés susvisées des terrains ou constructions, sans que le prix de la cession puisse être inférieur à la moitié de leur valeur réelle établie par expertise ; 2° garantir jusqu'à concurrence de 3 % au maximum l'intérêt des obligations desdites sociétés et, pendant vingt ans au plus, le dividende de leurs actions.

128. — **Art. 36.** Les caisses d'épargne sont autorisées à employer la moitié du capital de leur fortune personnelle, sans que toutefois le montant de ces placements ajouté, le cas échéant, au prix de revient des immeubles destinés aux services de la caisse et aux services de l'État, excède 70 % du capital, en prêts hypothécaires aux sociétés d'habitations à bon marché ou aux sociétés de crédit qui, ne construisant pas elles-mêmes des habitations, ont pour objet d'en faciliter l'achat ou la construction, et en obligations de ces sociétés, à la condition que ces sociétés aient leur siège dans le département où la caisse fonctionne.

129. — **Art. 37.** Les emplois en valeurs locales autorisés par le précédent article sont étendus : 1° aux actions des sociétés visées à l'article 35, pourvu que les actions ainsi acquises soient entièrement libérées et ne puissent dépasser les deux tiers du capital social ; 2° à des prêts hypothécaires, amortissables par annuités, au profit de particuliers désireux d'acquérir ou de construire des habitations à bon marché dans les termes de la présente loi.

130. —. Le présent article est applicable aux sociétés de bains-douches, aux sociétés de jardins ouvriers et aux sociétés fonctionnant en vue de l'acquisition de champs ou jardins dans les conditions prévues par l'article 46.

131. — **Art. 38.** Les caisses d'épargne ordinaires et les établissements visés au premier alinéa de l'article 35 du présent titre, peuvent prêter aux offices publics d'habitations à bon marché dans les mêmes conditions qu'aux sociétés d'habitations à bon marché.

132. — **Art. 39.** Les caisses d'épargne sont autorisées à employer la moitié du capital de leur fortune personnelle dans les conditions de l'article 36, à l'acquisition ou à la construction d'habitations à bon marché.

133. — **Art. 40.** Les opérations effectuées par les caisses d'épargne, en exécution des articles 36 et 37, pourront être faites au taux réduit de 1 %, lorsqu'elles seront faites au profit de personnes remplissant les conditions requises par l'article 45.

134. — **Art. 41.** — Les diverses facultés d'emplois de fonds prévues pour les habitations à bon marché par les articles 36, 37 et 39 ci-dessus s'appliquent dans les mêmes conditions : 1° pour les jardins ouvriers dont la contenance n'excédera pas 10 ares ; 2° pour l'établissement de bains-douches destinés aux personnes visées à l'article premier.

135. — **Art. 42.** Les communes et les départements peuvent consentir aux offices des prêts dont les conditions générales d'emploi sont déterminées par la convention ; ils peuvent garantir pour la totalité de leur durée l'intérêt et l'amortissement des emprunts contractés par ces établissements.

136. — **Art. 43.** Les bureaux de bienfaisance et d'assistance, les hospices et hôpitaux, peuvent, avec l'autorisation du préfet, employer à la construction de maisons à bon marché une fraction de leur patrimoine, qui ne pourra excéder la proportion indiquée à l'article 35.

137. — **Art. 44.** La Caisse des dépôts et consignations, gérante des divers organismes de retraites visés à l'article 14 de la loi du 5 avril 1910, effectue des placements sur l'avis favorable du Conseil supérieur des

retraites ouvrières, et, jusqu'à concurrence du cinquième, en prêts aux institutions visées par l'article 35 du présent titre et aux institutions de prévoyance et d'hygiène sociales reconnues d'utilité publique, ou en prêts hypothécaires sur habitations ouvrières ou jardins ouvriers, ainsi qu'en obligations de sociétés d'habitations à bon marché établies conformément aux présentes dispositions et en actions complètement libérées des sociétés de crédit immobilier.

138. — Le présent article est applicable aux sociétés de crédit immobilier et aux offices publics d'habitations à bon marché.

TITRE IV

Prêts des sociétés de crédit immobilier aux particuliers et aux sociétés d'habitations à bon marché.

I. Prêts aux particuliers.

A. — Dispositions générales

139. — **Art. 45.** Chacun des emprunteurs visés à l'article 19 doit remplir les conditions suivantes :

140. — 1° Posséder, au moment de la conclusion du prêt hypothécaire, le cinquième au moins du prix du terrain ou de la maison ;

141. — 2° Passer, avec la Caisse nationale d'assurance en cas de décès, un contrat à prime unique garantissant le payement des annuités qui resteraient à échoir au moment de sa mort, le montant de cette prime pouvant être incorporé au prêt hypothécaire.

142. — Lorsque l'emprunteur n'aura pas été admis à contracter l'assurance, celle-ci pourra être souscrite par son conjoint ou par un tiers, s'ils s'engagent solidairement au remboursement du prêt, et elle garantira, en cas de décès de ce conjoint ou de ce tiers, le payement des annuités restant à échoir à cette époque ;

143. — 3° Etre muni d'un certificat administratif délivré par le contrôleur des contributions directes et constatant qu'il a été satisfait aux conditions imposées, soit par l'article 46 s'il s'agit de l'acquisition d'un champ ou jardin, soit par l'article 2 s'il s'agit de l'acquisition ou de la construction d'une maison individuelle ; dans ce dernier cas, l'emprunteur doit produire, avant la conclusion du prêt, le certificat de salubrité prévu à l'article 3, ou bien un certificat provisoire de salubrité délivré par un délégué du comité de patronage. Ce délégué est désigné par lui, dans chaque canton de sa circonscription, autant que possible au mois de décembre de chaque année, pour l'année suivante, soit parmi ses membres, soit parmi les architectes ou ingénieurs au service du département ou des communes. Le bénéfice des dispositions de la présente loi demeure, en ce cas, subordonné à l'obtention ultérieure du certificat de salubrité spécifié par l'article 3.

144. — **Art. 46.** Les sociétés de crédit immobilier peuvent consentir des prêts en vue de l'acquisition de jardins ou champs n'excédant pas un hectare, pourvu :

145. — 1° Que la valeur locative réelle du logement de l'acquéreur n'excède pas, au moment de l'acquisition, le chiffre fixé pour la commune par l'article 2 ci-dessus ;

146. — 2° Que le prix d'acquisition, y compris les charges, ne dépasse pas 1.200 francs ;

147 — 3° Que l'acquéreur s'engage, vis-à-vis de la société qui lui aura consenti un prêt hypothécaire dans les conditions indiquées à l'article 19 de la présente loi, à cultiver lui-même ce terrain ou à le faire cultiver par des membres de sa famille.

148. — Si l'acquéreur est déjà, au moment de l'acquisition, propriétaire d'un terrain bâti ou non bâti, la contenance et la valeur de ce terrain viennent en déduction des chiffres fixés aux paragraphes précédents.

149. — Tous les avantages prévus pour les maisons à bon marché, sauf l'exemption temporaire d'impôt foncier, s'appliquent aux jardins, ou champs visés au présent article.

150. — **Art. 47.** Les dispositions de l'article 83 sont applicables aux sociétés de crédit immobilier.

151. — **Art. 48.** En ce qui concerne les contrats d'assurance temporaire que les emprunteurs hypothécaires doivent passer avec la Caisse nationale d'assurance en cas de décès, conformément à l'article 45, le proposant sera soumis à la visite du médecin désigné par elle.

152. — Toutefois, il en sera dispensé lorsqu'il aura, deux ans au moins avant l'acquisition de la maison, du champ ou du jardin, formé une demande d'assurance et opéré à la Caisse nationale un versement égal à 1 % du capital à garantir, sans que la somme versée puisse être inférieure à 10 francs. La souscription de la police devra être effectuée dans un délai d'une année après l'expiration de la période de deux ans visée ci-dessus, et la somme versée viendra en déduction de la prime unique. Si la police n'est pas souscrite dans le délai fixé, le versement restera acquis à la Caisse nationale.

B. — Dispositions spéciales

153. — **Art. 49.** Les prêts visés à l'article 19, 3°, ne peuvent dépasser les 4/5ᵉˢ de la valeur de la petite exploitation rurale, y compris le prix de revient de la maison d'habitation à bon marché, mais non compris le montant des frais et de la prime d'assurance.

154. — Pour les maisons d'habitations à bon marché comprises dans ces petites exploitations, les certificats provisoires de salubrité prévus par le paragraphe 3 de l'article 45 des présentes dispositions, sont délivrés par un délégué rural du Comité de patronage des habitations à bon marché et de la prévoyance sociale, désigné par lui à cet effet dans chaque canton, en même temps que l'autre délégué visé audit paragraphe, et choisi parmi les membres des syndicats professionnels agricoles et des sociétés d'agriculture ou des sociétés coopératives agricoles de production, des caisses de crédit agricole mutuel, des sociétés d'assurances mutuelles agricoles ou des comités départementaux de mutilés.

155. — Les sociétés de crédit immobilier qui déclareront, après approbation du Ministre de l'Hygiène, de l'Assistance et de la Prévoyance sociales, vouloir faciliter les opérations énoncées aux articles 8 et 10 de la loi du 5 août 1920, pourront être assimilées aux caisses régionales de crédit mutuel agricole et recevoir des avances spéciales dans les conditions prévues par les articles 8 et 10 de la loi sur le crédit mutuel et la coopération agricoles du 5 août 1920.

156. — Elles seront soumises, en ce qui concerne l'allocation de ces avances, le contrôle de leurs opérations agricoles et l'examen de leur comptabilité spéciale, aux mêmes règles que les caisses régionales de crédit mutuel.

157. — **Art. 50.** Lorsqu'à une maison individuelle à bon marché sont annexés à titre de dépendances servant à une petite exploitation agricole, soit une étable, soit une grange, soit tout autre bâtiment de même nature, les sociétés de crédit immobilier sont autorisées à faire des prêts hypothécaires en sus des maxima fixés par l'article 45, à concurrence des quatre cinquièmes du prix de revient ou de la valeur de ces dépendances.

158. — Ces prêts ne peuvent excéder, non compris le montant des frais et de la prime unique d'assurance, la somme de 2.000 francs.

159. — Des prêts peuvent être effectués, dans les mêmes conditions, pour les petits ateliers annexés aux maisons individuelles à bon marché.

160. — **Art. 51.** Toutefois, pour obtenir les prêts complémentaires visés à l'article précédent, l'emprunteur doit justifier qu'il est salarié, ou bien qu'il est fermier, métayer, cultivateur, artisan ou petit patron, travaillant habituellement seul ou avec un seul ouvrier et avec des membres de sa famille, salariés ou non, habitant avec lui.

161. — **Art. 52.** En tout cas, les prêts consentis tant en vertu de l'article 19 (1°) que des deux articles ci-dessus ne peuvent dépasser, non compris le montant des frais et de la prime d'assurance : 1° les quatre cinquièmes du prix maximum de revient de la maison individuelle, supputé comme il est prévu à l'article 2, et déduit, au taux de 4 %, de la valeur locative maxima spécifiée audit article pour la maison et la commune envisagées ; 2° la somme de 2.000 francs prévue à l'article 50 ci-dessus pour les bâtiments d'exploitation agricole ou pour les petits ateliers ; 3° s'il y a des jardins, de dix ares au plus, considérés comme dépendances légales de la maison en exécution de l'article 2 précité, une somme de 1.200 francs ou bien un quart du prix maximum de revient de la maison, si ledit quart représente plus de 1.200 francs.

II. Aux sociétés coopératives d'habitations à bon marché.

162. — **Art. 53.** Les sociétés de crédit immobilier régies par la présente loi peuvent consentir des prêts aux sociétés coopératives d'habitations à bon marché jusqu'à concurrence des quatre cinquièmes de la valeur des immeubles destinés à des coopérateurs remplissant les conditions prévues par l'article 45.

163. — Elles peuvent également prêter aux sociétés coopératives

d'habitations à bon marché dont tous les actionnaires, au moment de leur première souscription, ont plus de trois enfants et qui ont pour objet d'acquérir ou construire des maisons collectives en vue de locations jusqu'à concurrence des deux tiers au moins de la valeur des logements aux actionnaires eux-mêmes ou à leurs familles.

164. — Elles peuvent, enfin, consentir des prêts hypothécaires aux sociétés coopératives d'habitations à bon marché, pour leurs opérations de location avec promesse d'attribution, lorsque la valeur des immeubles se trouve représentée pour un cinquième au moins par la libération d'actions souscrites par des actionnaires remplissant les conditions prévues par l'article 45.

165. — Le taux des prêts effectués par les sociétés de crédit immobilier aux sociétés coopératives d'habitations à bon marché, en vertu du présent titre, ne pourra excéder 2,50 %.

TITRE V

Dispositions spéciales concernant le logement des familles nombreuses

166. — **Art. 54.** Les communes peuvent être autorisées, par décrets en Conseil d'État rendus sur la proposition des Ministres de l'Intérieur et de l'Hygiène, de l'Assistance et de la Prévoyance sociales, à construire des habitations à bon marché collectives comprenant des logements pour familles nombreuses.

167. — Lesdits logements, jusqu'à concurrence des deux tiers du montant des valeurs locatives de l'ensemble des logements, devront être affectés à des familles de plus de trois enfants âgés de moins de seize ans, dans les conditions prévues à la première ou à la deuxième colonne du tableau visé par l'article 2 ci-dessus.

168. — **Art. 55.** L'autorisation prévue à l'article précédent ne peut être accordée qu'après une enquête publique d'un mois et après avis du conseil départemental d'hygiène et du comité de patronage des habitations à bon marché et de la prévoyance sociale.

169. — Les communes ainsi autorisées bénéficient des dispositions de l'article 38 ci-dessus, en ce qui concerne les prêts spécialement affectés à la construction des immeubles visés à l'article précédent.

170. — **Art. 56.** Les immeubles construits dans les conditions de la présente loi, soit par les communes, soit par les offices publics d'habitations à bon marché ou par des sociétés d'habitations à bon marché pour le compte des communes, ne pourront être gérés que par des offices publics d'habitations à bon marché ou par des sociétés d'habitations à bon marché.

171. — **Art. 57.** Les communes peuvent consentir des subventions spéciales aux offices publics et aux sociétés d'habitations à bon marché construisant des immeubles principalement affectés à des logements pour familles comprenant plus de trois enfants de moins de seize ans.

172. — Ces logements doivent remplir les conditions prévues à la première ou à la seconde colonne du tableau visé à l'article 2 ci-dessus et représenter au moins les deux tiers du montant des valeurs locatives de l'ensemble des logements de chaque immeuble.

173. — Les subventions ainsi attribuées pourront faire l'objet de contrats dont la durée n'excédera pas dix-huit ans à dater de l'achèvement de la construction. Elles ne pourront excéder annuellement 1 % du prix de revient de l'immeuble.

174. — Elles devront être intégralement employées à la réduction des loyers des logements susvisés sans que cette réduction puisse toutefois dépasser la moitié de la valeur locative maxima.

175. — Les conditions de ces réductions seront déterminées par le contrat, eu égard au nombre des enfants.

176. — Chaque année, dans le courant du mois de janvier, le maire doit communiquer au comité de patronage des habitations à bon marché et de la prévoyance sociale l'état des logements ayant bénéficié l'année précédente des réductions de loyers prévues au présent article.

177. — **Art. 58.** Les dispositions de l'article précédent sont applicables aux maisons individuelles affectées aux familles nombreuses visées par ledit article. L'État participera pour moitié, en ce qui concerne les familles nombreuses visées à l'article 2 de la loi du 14 juillet 1913, aux subventions accordées par les communes aux offices publics et aux sociétés d'habitations à bon marché dans les conditions prévues à l'article précédent.

178. — Si l'office public ou la société d'habitations à bon marché s'engage à affecter aux familles visées à l'article 2 de la loi du 14 juillet 1913, des logements représentant la moitié au moins du montant des valeurs locatives de l'ensemble des logements de chaque immeuble, les subventions pourront s'élever à 2 % du prix de revient de l'immeuble ; elles pourront faire l'objet de contrats pour une durée de trente ans au plus.

179. — Les délibérations des conseils municipaux relatives à cet objet ne sont exécutoires qu'après avoir été approuvées par les Ministres de l'Intérieur, de l'Hygiène, de l'Assistance et de la Prévoyance sociales et des Finances.

180. — **Art. 59.** Dans la limite des crédits qui seront ouverts à cet effet, il pourra être accordé par l'État des subventions aux communes, aux offices publics d'habitations à bon marché, aux sociétés d'habitations à bon marché, aux fondations d'habitations à bon marché, aux bureaux de bienfaisance et d'assistance, aux hospices et hôpitaux et aux caisses d'épargne, qui construiront des maisons à bon marché destinées à être louées à des familles de plus de trois enfants âgés de moins de seize ans.

181. — Les logements devront répondre aux conditions prévues à la première ou à la deuxième colonne du tableau de l'article 2 de la présente loi et être affectés à des familles nombreuses jusqu'à concurrence des deux tiers du montant des valeurs locatives de l'ensemble des logements.

182. — Ces subventions ne pourront excéder le tiers du prix de revient de l'immeuble.

183. — Les loyers ne devront pas être inférieurs de plus de moitié aux maxima des valeurs locatives fixés par l'article 2.

TITRE VI

Des exemptions fiscales.

Section I. — *Exemptions fiscales dont bénéficient les habitations à bon marché*

184. — **Art. 60.** Sont affranchies de la contribution foncière et de la contribution des portes et fenêtres les maisons individuelles ou collectives destinées à être louées ou vendues et celles construites par les intéressés eux-mêmes, pourvu qu'elles remplissent les conditions prévues par les articles 2 et 3. Cette exemption sera d'une durée de douze années à compter de l'achèvement de la maison.

185. — Elle cesserait de plein droit dans l'un des cas suivants :

186. — 1° Si, par suite de transformation ou d'agrandissements, l'immeuble perdait le caractère d'une habitation à bon marché et acquérait une valeur sensiblement supérieure au maximum légal ;

187. — 2° Si le taux des loyers dépassait les maxima fixés à l'article 2 ;

188. — 3° En cas de retrait du certificat de salubrité ou de refus du propriétaire de se soumettre aux vérifications annuelles du comité de patronage en ce qui concerne le maintien des conditions de salubrité.

189. — Pour être admis à jouir du bénéfice des présentes dispositions, on devra produire, dans les formes et délais fixés par l'article 9, paragraphe 3, de la loi du 8 août 1890, une demande qui sera instruite et jugée comme les réclamations pour décharge et réduction de contributions directes. Cette demande pourra être formulée dans la déclaration exigée par le même article de ladite loi de tout propriétaire ayant l'intention d'élever une construction passible de l'impôt foncier.

190. — Les parties des bâtiments dont il est question au présent article, destinées à l'habitation personnelle, donneront lieu, conformément à l'article 2 de la loi du 4 août 1844, à l'augmentation du contingent départemental dans la contribution personnelle-mobilière, à raison du vingtième de leur valeur locative réelle, à dater de la troisième année de l'achèvement des bâtiments, comme si ces bâtiments ne jouissaient que de l'immunité ordinaire d'impôt foncier accordée par l'article 88 de la loi du 3 frimaire an VII aux maisons nouvellement construites ou reconstruites.

191. — A Paris, par dérogation à l'avant-dernier alinéa de l'article 3 de la loi du 10 juillet 1894 relative à l'assainissement de Paris et de la Seine, les habitations à bon marché, pendant la période d'exonération de la contribution foncière et des portes et fenêtres, seront taxées, pour l'écoulement direct, d'après un revenu évalué comme si les immeubles étaient passibles de la contribution foncière.

192. — **Art. 61.** Les actes constatant la vente de maisons individuelles à bon marché, construites par les bureaux de bienfaisance et d'assistance, hospices ou hôpitaux, les caisses d'épargne, les sociétés de construction ou par des particuliers, sont soumis aux droits de mutation établis par les lois en vigueur.

193. — Toutefois, lorsque le prix aura été stipulé payable par annuités, la perception de ce droit pourra, sur la demande des parties, être effectué en plusieurs fractions égales, sans que le nombre de ces fractions puisse excéder celui des annuités prévues au contrat, ni être supérieur à cinq. Il sera justifié par un certificat du maire de la commune de la situation que l'immeuble a été reconnu exempt de l'impôt foncier, par application des articles 2, 3 et 60, ou que, tout au moins, une demande d'exemption a été formée dans les conditions prévues par ces articles. Ce certificat sera délivré sans frais, en double original, dont l'un sera annexé au contrat de vente et l'autre déposé au bureau de l'enregistrement, lors de l'accomplissement de la formalité.

194. — Le payement de la première fraction du droit aura lieu au moment où le contrat sera enregistré ; les autres fractions seront exigibles d'année en année et seront acquittées dans le trimestre qui suivra l'échéance de chaque année, de manière que la totalité du droit soit acquittée dans l'espace de quatre ans et trois mois au maximum, à partir du jour de l'enregistrement du contrat.

195. — Si la demande d'exemption d'impôt foncier qui a motivé le fractionnement de la perception vient à être définitivement rejetée, les droits non encore acquittés seront immédiatement recouvrés.

196. — Dans le cas où, par anticipation, l'acquéreur se libérerait entièrement du prix avant le payement intégral du droit, la portion restant due deviendrait exigible dans les trois mois du règlement définitif. Les droits seront dus solidairement par l'acquéreur et le vendeur.

197. — L'enregistrement des actes visés au présent article sera effectué dans les délais fixés et, le cas échéant, sous les peines édictées par les lois en vigueur. Tout retard dans le payement de la seconde fraction ou des fractions subséquentes des droits rendra immédiatement exigible la totalité des sommes restant dues au Trésor. Si la vente est résolue avant le payement complet des droits, les termes acquittés ou échus depuis plus de trois mois demeureront acquis au Trésor ; les autres tomberont en non-valeur.

198. — La résolution volontaire ou judiciaire du contrat ne donnera ouverture qu'au droit fixe de trois francs (3 fr.).

Section II. —*Exemptions fiscales dont bénéficient les sociétés associations, caisses d'épargne*

199. — **Art. 62.** Les actes nécessaires à la constitution et à la dissolution des associations de construction ou de crédit actuellement existantes ou à créer, telles qu'elles sont définies dans la présente loi, sont dispensés du timbre et enregistrés gratis, s'il remplissent les conditions prévues par l'article 68, paragraphe 3, n° 4, de la loi du 22 frimaire an VII. Les pouvoirs en vue de la représentation aux assemblées générales sont dispensés du timbre. Ces sociétés sont exonérées du droit de timbre pour leurs titres d'actions et d'obligations. Toutefois, elles restent soumises au droit de timbre-quittance établi par les lois en vigueur.

200. — **Art. 63.** Les mêmes sociétés sont dispensées de toute patente et de l'impôt sur le revenu, attribué aux actions, parts d'intérêts et obligations.

201. — La prescription prévue par l'article 111 de la loi du 25 juin 1920 ne leur est pas applicable.

202. — **Art. 64.** Les intérêts des prêts consentis ou des dépôts effectués par les sociétés et les fondations d'habitations à bon marché constituées et fonctionnant conformément aux dispositions de la présente loi sont affranchis de l'impôt sur le revenu des capitaux mobiliers institué par la loi du 31 juillet 1917.

203. — **Art. 65.** Les sociétés d'habitations à bon marché et constituées et fonctionnant conformément aux dispositions de la présente loi sont affranchies, pour les bénéfices qu'elles réalisent, des impôts cédulaires institués par la loi du 31 juillet 1917.

204. — **Art. 66.** Sont exemptées de la taxe établie par l'article premier de la loi du 20 février 1849, dans les termes de la loi du 14 décembre 1875 et par dérogation à l'article 2 de la loi du 31 mars 1903, les sociétés, quelle qu'en soit la forme, qui ont pour objet exclusif la construction et la vente des maisons auxquelles s'appliquent les présentes dispositions.

205. — La taxe continuera à être perçue pour les maisons exploitées par la société ou mises en location par elle.

206. — **Art. 67.** Le taux de la taxe annuelle représentative des droits de transmission entre vifs et par décès est réduit à quatre-vingt-cinq centimes par franc en ce qui concerne les biens appartenant aux sociétés et fondations d'habitations à bon marché constituées conformément aux présentes dispositions.

207. — **Art. 68.** L'article 64 est applicable aux intérêts des prêts consentis ou des dépôts effectués par les associations reconnues d'utilité publique en vertu de l'article 32, ainsi qu'aux intérêts des prêts consentis aux particuliers par les caisses d'épargne en exécution de l'article 37 de la présente loi.

208. — **Art. 69.** Les dispositions des articles 62, 63, 64 et 65 de la présente loi sont étendues aux sociétés de bains-douches et aux sociétés de jardins ouvriers.

209. — **Art. 70.** Les dispositions des articles 62, 63, 64 et 65 de la présente loi sont étendues aux sociétés fonctionnant pour l'application de l'article 46 pourvu qu'elles justifient de l'observation des prescriptions de la présente loi par tous les acquéreurs de jardins ou champs.

210. — **Art. 71.** Les articles 64, 65 et 67 de la présente loi sont applicables aux sociétés de crédit immobilier.

211. — **Art. 72.** Les dons et legs faits aux offices publics d'habitations à bon marché seront soumis à un droit de 9 %, sans addition de décimes, dans les conditions déterminées en l'article 19 de la loi du 25 février 1901.

212. — Tout transfert de propriété à titre gratuit, effectué par les communes ou les départements au nom des offices, ne donne lieu qu'à la perception d'un droit fixe de 3 francs.

213. — **Art. 73.** Les emprunts contractés par les offices publics d'habitations à bon marché créés en vertu des articles 8 et suivants de la présente loi sont dispensés de l'impôt sur le revenu établi par la loi du 29 juin 1872. Ces offices sont, en outre, exonérés des droits de timbre pour leurs titres d'obligations.

214. — **Art. 74.** Quelles que soient leur contenance et leur valeur locative, les terrains appartenant aux offices publics d'habitations à bon marché et destinés aux buts déterminés par la présente loi sont exonérés de l'impôt sur les bénéfices agricoles.

215. — Les articles 64, 65 et 67 du présent titre sont applicables aux offices publics d'habitations à bon marché.

TITRE VII

Comités de patronage des habitations à bon marché et de la prévoyance sociale. — Conseil supérieur des habitations à bon marché.

216. — **Art. 75.** Il sera établi dans chaque département un ou plusieurs comités de patronage des habitations à bon marché et de la prévoyance sociale. Ces comités ont pour mission d'encourager toutes les manifestations de la prévoyance sociale, notamment la construction de maisons salubres et à bon marché, dans les conditions prévues par la présente loi.

217. — **Art. 76.** Ces comités sont institués par décret du Président de la République, après avis du Conseil général et du Conseil supérieur des habitations à bon marché. Le même décret détermine l'étendue de leur circonscription et fixe le nombre de leurs membres, dans la limite de neuf au moins et de quinze au plus. Pour le département de la Seine, ce nombre peut être élevé à dix-huit.

218. — Le tiers des membres du comité est nommé par le Conseil général, qui le choisit parmi les conseillers généraux, les maires et les membres des chambres de commerce ou des chambres consultatives des arts et manufactures de la circonscription du comité.

219. — Les deux autres tiers sont désignés, dans les conditions déterminées par un arrêté du Ministre de l'Hygiène, de l'Assistance et de la Prévoyance sociales, pris après avis du Comité permanent du Conseil supérieur, visé à l'article 80 de la présente loi, parmi les personnes spécialement versées dans les questions de prévoyance, d'hygiène et d'économie sociale.

220. — Ces comités ainsi constitués font leur règlement, qui est soumis à l'approbation du préfet. Ils désignent leur président et leur secrétaire. Ce dernier peut être pris en dehors du Comité.

221. — Ces comités sont nommés pour trois ans.

222. — Leur mandat peut être renouvelé.

223. — **Art. 77.** Ces comités peuvent recevoir des subventions de l'État, des départements et des communes, ainsi que des dons et legs, aux conditions prescrites par l'article 910 du Code civil pour les établissements d'utilité publique.

224. — Toutefois ils ne peuvent posséder d'autres immeubles que celui qui est nécessaire à leurs réunions.

225. — Ils peuvent faire des enquêtes, ouvrir des concours d'architecture, distribuer des prix d'ordre et de propreté, accorder des encouragements pécuniaires et, plus généralement, employer les moyens de nature à provoquer l'initiative en faveur de la construction et de l'amélioration des maisons à bon marché.

226. — Dans le cas où ces comités cesseraient d'exister, leur actif, après liquidation, pourra être dévolu, sur l'avis du Conseil supérieur institué à l'article 80 ci-après, aux sociétés de construction des habitations à bon marché, aux associations de prévoyance et aux bureaux de bienfaisance de la circonscription.

227. — **Art. 78.** Le département doit subvenir aux frais de local et de bureau des Comités, ainsi qu'aux frais de déplacement nécessaires pour l'application des présentes dispositions suivant le tarif et dans les conditions déterminées par le Conseil général.

228. — Il peut prendre à sa charge les jetons de présence qui seraient alloués, à titre d'indemnité de déplacements, aux membres des comités n'habitant pas la localité où se tiendraient les réunions.

229. — **Art. 79.** Sont exemptées du droit de timbre, les affiches, imprimées ou non, qui sont apposées par les comités de patronage des habitations à bon marché et de la prévoyance sociale et qui ont exclusivement pour objet la vulgarisation des dispositions législatives et réglementaires concernant les habitations à bon marché, la petite propriété, les jardins ouvriers et les bains-douches, toutes les mesures relatives à leur aménagement, ainsi que toutes les dispositions prises en exécution du troisième alinéa de l'article 77.

230. — **Art. 80.** Il est constitué, auprès du Ministre de l'Hygiène, de l'Assistance et de la Prévoyance sociales, un Conseil supérieur des habitations à bon marché auquel doivent être soumis tous les règlements à

faire en vertu des présentes dispositions et, d'une façon générale, toutes les questions concernant les logements économiques.

231. — Les comités de patronage lui adresseront chaque année, dans le courant de janvier, un rapport détaillé sur leurs travaux. Le Conseil supérieur en donnera le résumé, avec ses observations, dans un rapport d'ensemble adressé au Président de la République.

TITRE VIII

Règles spéciales en matière d'indivision.

232. — **Art. 81.** Lorsqu'une maison individuelle construite dans les conditions édictées par les présentes dispositions figure dans une succession et que cette maison est occupée au moment du décès de l'acquéreur ou du constructeur par le défunt, son conjoint ou l'un de ses enfants, il est dérogé aux dispositions du Code civil, ainsi qu'il est dit ci-après :

233. — 1° Si le conjoint survivant est copropriétaire de la maison, au moins pour moitié, et s'il l'habite au moment du décès, l'indivision peut, à sa demande, être maintenue pendant cinq ans à partir du décès et continuée ensuite de cinq ans en cinq ans jusqu'à son propre décès.

234. — Si la disposition de l'alinéa précédent n'est point appliquée et si le défunt laisse des descendants, l'indivision peut être maintenue, à la demande du conjoint ou de l'un de ses descendants, pendant cinq années à partir du décès.

235. — Dans le cas où il se trouve des mineurs parmi les descendants, l'indivision peut être continuée pendant cinq années à partir de la majorité de l'aîné des mineurs, sans que sa durée totale puisse, à moins d'un consentement unanime, excéder dix ans.

236. — Dans ces divers cas, le juge de paix prononce le maintien ou la continuation de l'indivision, après avis du conseil de famille, s'il y a lieu ;

237. — 2° Chacun des héritiers, et le conjoint survivant, s'il a un droit de copropriété, a la faculté de reprendre la maison sur estimation. Lorsque plusieurs intéressés veulent user de cette faculté, la préférence est accordée d'abord à celui que le défunt a désigné, puis à l'époux, s'il est copropriétaire pour moitié au moins. Toutes choses égales, la majorité des intéressés décide. A défaut de majorité, il est procédé par voie de tirage au sort. S'il y a contestation sur l'estimation de la maison, cette estimation est faite par le comité de patronage et homologuée par le juge de paix. Si l'attribution de la maison doit être faite par la majorité ou par le sort; les intéressés y procèdent sous la présidence du juge de paix, qui dresse procès-verbal des opérations.

238. — Les dispositions du présent article sont applicables à toute maison quelle que soit la date de sa construction, dont la valeur locative n'excédera pas les limites fixées par l'article 2.

TITRE IX

Assurances temporaires.

239. — **Art. 82.** La caisse d'assurance en cas de décès, instituée par la loi du 11 juillet 1868, est autorisée à passer, avec les acquéreurs ou les constructeurs de maisons à bon marché qui se libèrent du prix de leur habitation au moyen d'annuités, des contrats d'assurances temporaires ayant pour but de garantir, à la mort de l'assuré, si elle survient dans la période d'années déterminée, le payement de tout ou partie des annuités restant à échoir.

240. — Le chiffre maximum du capital assuré est égal au prix de revient de l'habitation à bon marché. Si l'assurance est contractée au moyen d'une prime unique, dont le prêteur bénéficiaire fait l'avance à l'emprunteur, le chiffre maximum indiqué ci-dessus est augmenté de la prime unique nécessaire pour assurer à la fois ledit chiffre et cette dernière prime. La prime d'assurance sera versée directement à la Caisse nationale par le prêteur bénéficiaire lors de la souscription de l'assurance.

241. — Tout signataire d'une proposition d'assurance faite dans les conditions du paragraphe 1er du présent article devra répondre aux questions et se soumettre aux constatations médicales qui lui seront prescrites par les polices. En cas de rejet de la proposition, la décision ne devra pas être motivée. L'assurance produira son effet dès la signature de la police.

242. — La somme assurée sera, dans le cas du présent article, cessible en totalité dans les conditions fixées par les polices.

243. — La durée du contrat devra être fixée de manière à ne reporter aucun payement éventuel de prime après l'âge de soixante-cinq ans.

TITRE X

Dispositions diverses.

244. — **Art. 83.** Pour l'achèvement des maisons dont la construction a été commencée avant le 1er août 1914, sous le régime de la législation sur les habitations à bon marché, il pourra être accordé, dans les conditions prévues par la présente loi et sur avis favorable du comité de patronage des habitations à bon marché et de la prévoyance sociale, des avances de fonds jusqu'à concurrence de la somme nécessaire à l'exécution des plans primitifs.

245. — **Art. 84.** Les délibérations du Conseil général de la Seine et du Conseil municipal de Paris tendant à accorder aux offices publics d'habitations à bon marché, aux sociétés d'habitations à bon marché ou aux sociétés de crédit immobilier les garanties prévues par la législation sur les habitations à bon marché et sur la petite propriété sont exécutoires après approbation par décret.

246. — Les impositions que le Conseil municipal de Paris et le Conseil général de la Seine pourraient être éventuellement appelés à

créer pour faire face aux dépenses résultant de la garantie donnée aux emprunts prévus par les articles 22, 27, 33 et 42 de la présente loi, seront autorisées par décret rendu en Conseil d'Etat.

247. — **Art. 85.** Des règlements d'administration publique déterminent les mesures propres à assurer l'application de la présente loi et notamment :

248. — 1° L'organisation et le fonctionnement du Conseil supérieur des habitations à bon marché et des comités de patronage ;

249. — 2° Les dispositions que doivent contenir les statuts des sociétés de construction et de crédit, pour que ces sociétés puissent bénéficier des faveurs de la loi ;

250. — 3° Les conditions dans lesquelles la Caisse nationale d'assurance en cas de décès peut organiser des assurances temporaires et effectuer notamment les opérations d'assurances visées aux articles 22, 45 et 48 ;

251. — 4° La procédure à suivre pour l'application de l'article 81 ;

252. — Les clauses que devront contenir les statuts des sociétés de crédit immobilier pour que ces sociétés puissent recevoir, après avis du Conseil supérieur des habitations à bon marché, l'approbation du Ministre de l'Hygiène, de l'Assistance et de la Prévoyance sociales, en vue de bénéficier des faveurs accordées par la présente loi, ainsi que les conditions dans lesquelles serait retirée cette approbation aux sociétés qui ne se conformeraient pas aux dispositions de cette loi ;

253. — 6° Le mode et le délai d'établissement du certificat administratif visé à l'article 45 ;

254. — 7° Les dispositions qui devront être insérées dans les contrats passés entre la Caisse nationale des retraites opérant pour le compte de l'Etat et les sociétés de crédit immobilier en vue d'assurer l'exécution de la présente loi ;

255. — 8° Les dispositions qui devront être insérées dans les contrats passés entre la Caisse des dépôts et consignations opérant pour le compte de l'Etat, et les offices publics, sociétés et fondations d'habitations à bon marché, les sociétés et unions de sociétés de secours mutuels et les dispensaires publics ;

256. — 9° Les conditions d'application de l'article 59.

257. — **Art. 86.** Les présentes dispositions sont applicables à l'Algérie.

258. — **Art. 87.** Sont abrogés :

1° La loi du 12 avril 1906 ;

2° La loi du 10 avril 1908 ;

3° L'article 3 de la loi du 26 décembre 1908 ;

4° L'article 116 de la loi du 8 avril 1910 ;

5° L'article 3 de la loi du 13 juillet 1911 ;

6° Les articles 1 et 2 de la loi du 26 février 1912 ;

7° La loi du 23 décembre 1912 ;

8° La loi du 21 mars 1913 ;

9° L'article 13 de la loi du 14 juillet 1913 ;

10° Les articles 15 et 67 de la loi du 30 juillet 1913 ;

11° La loi du 11 février 1914 ;

12° La loi du 31 juillet 1917 ;

13° L'article 14 de la loi du 31 mars 1919 ;

14° La loi du 24 octobre 1919 ;

15° L'article 21 de la loi du 31 juillet 1920 ;

16° La loi du 26 février 1921 ;

17° La loi du 19 avril 1921 ;

18° L'article 142 de la loi du 31 décembre 1921,

et généralement toutes les lois qui ont été abrogées par celles énumérées dans le présent article.

259. — Sont toutefois maintenus jusqu'à ce qu'ils aient été modifiés, s'il y a lieu par des règlements d'administration publique nouveaux, les règlements d'administration publique qui se trouvent en vigueur en vertu des dispositions législatives reproduites dans les présentes dispositions.

TABLE DES MATIÈRES

DU

CODE DES HABITATIONS A BON MARCHÉ ET DE LA PETITE PROPRIÉTÉ

TITRE SIXIÈME

TITRE SEPTIÈME

TITRE HUITIÈME

TITRE NEUVIÈME

TITRE DIXIÈME

TABLE ALPHABÉTIQUE

DES MATIÈRES CONTENUES

DANS LE

CODE DES HABITATIONS A BON MARCHÉ ET DE LA PETITE PROPRIÉTÉ

(Les chiffres renvoient aux numéros de division du Code)

TABLEAU CHRONOLOGIQUE

DES PRINCIPAUX TEXTES RÉGLEMENTAIRES PRIS EN EXÉCUTION DES DISPOSITIONS LÉGISLATIVES REPRODUITES DANS LE **CODE DES HABITATIONS A BON MARCHÉ ET DE LA PETITE PROPRIÉTÉ** ET MAINTENUS EN VIGUEUR A LA PROMULGATION DE LA LOI DU 5 DÉCEMBRE 1922.

1907 10 Janvier (J. O. du 10 janvier 1907)		Décret portant règlement d'administration publique pour l'exécution de la loi du 12 avril 1906 : Titre I. — Comités de patronage des habitations à bon marché et de la prévoyance sociale [art. 6 à 9 *modifiés par décret A du 3 mai 1913 (J. O. du 4), art. 1 à 4*]. Titre II. — Sociétés relatives aux habitations à bon marché. — Concours des établissements de bienfaisance, des départements et des communes [art. 10 et 11 *modifiés par décret A du 3 mai 1913, art. 5 et 6*]. Titre III. — Dispositions relatives aux assurances. Titre IV. — Indivision ou attribution des immeubles en cas de décès. Titre V. — Immunités fiscales [art. 52 à 55 - 59 - *modifiés par décret A du 3 mai 1913, art. 7 à 8 - art. 58 modifié par décret du 17 juillet 1915 (J. O. du 21) - art. 62 modifié par décret A du 3 mai 1913, art. 9, et par décret du 5 août 1920 (J. O. du 11), art. 1 - art. 63 ancien, reporté à la suite du titre VI, sous le n° 64, par décret du 5 août 1920, art. 2*]. Titre VI. — Prêts des offices publics d'habitations à bon marché et des sociétés d'habitations à bon marché [art. 63 *nouveau, addition du décret du 5 août 1920, art. 2*].
1907 10 Janvier (J. O. du 19 janvier 1907)		Décret portant règlement d'administration publique pour l'organisation et le fonctionnement du Conseil supérieur des habitations à bon marché [art. 1 à 4 *modifiés par décret du 25 mai 1913 (J. O. du 30), art. 1 et 2*].
1908 24 Août (J. O. du 26 août 1908)		Décret portant règlement d'administration publique pour l'exécution de la loi du 10 avril 1908 relative à la petite propriété et aux habitations à bon marché : Titre I. — Constitution et fonctionnement des sociétés de crédit immobilier [art. 1 *modifié par décret du 17 août 1912 (J. O. du 21) art. 1, et par décret B du 3 mai 1913 (J. O. du 4), art. 1 - art. 2 modifié par décret B du 3 mai 1913, art. 2*]. Titre II. — Mode et délai d'établissement des certificats administratifs [*modifié par décret du 17 août 1912, art. 1*]. Titre III. — Dispositions relatives aux assurances [*abrogé et remplacé par dispositions du décret du 3 septembre 1921. (J. O. du 11)*]. Titre IV. — Contrats passés entre la Caisse Nationale des Retraites pour la vieillesse et les sociétés de crédit immobilier [art. 14 *modifié par décret du 17 août 1912, art. 1 - art. 17 modifié par décret B du 3 mai 1913, art. 3 - art. 20 modifié par décret du 17 août 1912, art. 1*]. Titre V. — Prêts aux sociétés coopératives d'habitations à bon marché. Titre VI. — Prêts aux associations reconnues d'utilité publique et aux sociétés et unions de sociétés de secours mutuels. Titre VII. — Contrôle de l'inspection générale des Finances [art. 35 *nouveau et 36, addition du décret du 17 avril 1914 (J. O. du 19), art. 1 - art. 35 ancien reporté à la suite sous le n° 37 par le même décret, art. 2*].
1913 15 Mars (J. O. du 21 mars 1913)		Arrêté relatif à la composition des Comités de patronage des habitations à bon marché et de la prévoyance sociale [*a remplacé l'arrêté du 26 janvier 1907, rapporté*].
1913 6 Décembre		Circulaire aux présidents de sociétés de crédit immobilier relative à l'application de l'article 14 du décret du 24 août 1908 (État détaillé des opérations et certification des pièces à produire à la Caisse des Dépôts et Consignations par les sociétés de crédit immobilier qui désirent obtenir des prêts de l'État).

1914	30 Avril	Circulaire aux présidents de sociétés de crédit immobilier relative à l'application de l'article 35 nouveau du décret du 24 août 1908 (Etablissement des états semestriels d'opérations à produire au Ministère de l'Hygiène, de l'Assistance et de la Prévoyance sociales pour être soumis à la Commission d'attribution des prêts).
1919	25 Juin (J. O. du 28 juin 1919)	Décret portant règlement d'administration publique pour l'application de l'article 14 de la loi du 31 mars 1919, relatif à l'attribution de subventions pour construction de maisons à bon marché destinées à être louées à des familles de plus de trois enfants âgés de moins de 16 ans.
1921	12 Mars (J. O. du 14 et du 24 mars 1921)	Décret rendant applicables aux départements du Bas-Rhin, du Haut-Rhin et de la Moselle, les lois sur les habitations à bon marché et la petite propriété ainsi que les règlements d'administration publique pris en exécution de ces lois.
1921	21 Mars (J. O. du 22 mars 1921	Décret portant règlement d'administration publique pour l'application de la loi du 26 février 1921 : Titre I. — Dispositions relatives aux assurances. Titre II. — Dispositions relatives aux contrats de prêts.
1921	9 Juillet	Circulaire aux préfets relative à la dotation des Offices publics d'habitations à bon marché.
1921	20 Décembre (J. O. du 25 décembre 1921)	Circulaire aux préfets relative à l'application de la loi du 19 avril 1921, concernant la petite propriété : I. — Prêts dans les conditions de la loi du 10 avril 1908 : 1° objet des prêts ; 2° bénéficiaires des prêts ; 3° conditions des prêts. II. — Prêts dans les conditions de la loi du 5 août 1920 : 1° objet des avances spéciales aux sociétés de crédit immobilier ; 2° admission des sociétés de crédit immobilier au bénéfice des avances spéciales ; 3° prêts des sociétés de crédit immobilier ; 4° conditions des prêts ; 5° contrôle des opérations. III. — Dispositions spéciales aux pensionnés militaires et aux victimes civiles de la guerre. IV. — Dispense de renouvellement des inscriptions hypothécaires.
1921	20 Décembre (J. O. du 25 décembre 1921)	Arrêté relatif aux pièces à fournir par les sociétés de crédit immobilier à l'appui de leurs demandes d'avances à l'Office national du crédit agricole et aux pièces à fournir en vue du contrôle de leurs opérations.

ANNEXES

ANNEXE I

LOI du 5 août 1920 (J. O. du 7), sur le crédit mutuel et la coopération agricoles.

TITRE Iᵉʳ

Caisses de crédit agricole mutuel

CHAPITRE Iᵉʳ

Constitution. — Publicité

Art. 1ᵉʳ. — .. ..

CHAPITRE II

Section 1ʳᵉ. — Des caisses locales

Art. 6 [*modifié par la loi du 7 Décembre 1922 (art. 1)*]. — Les Caisses locales de crédit agricole mutuel peuvent consentir :

1° A tous leurs sociétaires, des prêts d'argent à court terme, dont la durée totale ne doit pas excéder celle de l'opération en vue de laquelle ces prêts sont consentis :

2° A tous leurs sociétaires, des prêts d'argent à moyen terme pour l'aménagement ou la reconstitution de leurs propriétés. Ces prêts sont remboursables en dix années par amortissements annuels et sont entourés de garanties particulières, telles que cautions, warrants, hypothèques ou dépôts de titres, etc ;

3° A leurs sociétaires individuels, des prêts d'argent à long terme, dont les conditions sont indiquées ci-après à l'article 8.

Toutefois, dans le cas où il n'existe pas encore de Caisse locale susceptible d'examiner les demandes, les Caisses régionales peuvent, à titre exceptionnel, consentir directement ces divers prêts lorsque le bénéficiaire est un pensionné militaire titulaire soit d'une pension viagère, soit d'une pension temporaire, ou bien une victime civile de la guerre.

Art. 7. — .. ..

Art. 8 [*modifié par la loi du 7 Décembre 1922 (art. 2)*]. — Pour la réalisation des prêts individuels à long terme, les Caisses locales exigent comme garantie une inscription hypothécaire ou un contrat d'assurance en cas de décès.

Ces prêts sont de 40.000 francs au plus, non compris le montant des frais. La durée de leur remboursement peut atteindre vingt-cinq ans, sans toutefois que l'âge de l'emprunteur, à la date du dernier amortissement, puisse dépasser soixante ans.

Ils portent intérêt au taux de 2 % et sont destinés à faciliter l'acquisition, l'aménagement, la transformation et la reconstitution de petites exploitations rurales.

Lorsque le bénéficiaire d'un prêt individuel à long terme est un pensionné militaire titulaire soit d'une pension viagère, soit d'une pension temporaire, ou bien une victime civile de la guerre, le prêt peut être également consenti par une société de crédit immobilier. Le taux d'intérêt est réduit à 1 p. 100 et une bonification annuelle de 0.50 p. 100 est versée annuellement par l'Etat, en atténuation des annuités à servir à la société prêteuse par l'emprunteur, à raison de chaque enfant légitime vivant et âgé de moins de seize ans, qu'il possède au moment de l'échéance de chaque annuité d'amortissement.

Art. 9. — Les exploitations rurales pour lesquelles les prêts à long terme ont été consentis peuvent être constituées en biens de famille insaisissables par application de la loi du 12 juillet 1909. Toutefois, par dérogation aux articles 5, 8, 10 et 11 de ladite loi et à l'article 5 du décret du 26 mars 1910, les caisses régionales et les caisses locales jouissent du privilège institué par l'article 2103, paragraphe 2, du Code civil.

Art. 10. — La Caisse nationale d'assurance en cas de décès est autorisée à passer, avec les titulaires de prêts individuels à long terme de la présente loi, dans les conditions à déterminer par décret rendu sur la proposition du Ministre de l'Agriculture et du Ministre des Finances, des contrats à prime unique, d'effet immédiat ou différé, garantissant le payement de tout ou partie des annuités qui resteraient à échoir au moment de la mort, le montant de la prime pouvant être incorporé au prêt.

Section II. — Des caisses régionales

Art. 11. — .. ..

Art. 13. — Tous les ans, dans la première quinzaine de février, les caisses régionales reversent à l'office national du crédit agricole les amortissements qu'elles ont encaissés dans le cours de l'année précédente et auxquels sont astreints les bénéficiaires des prêts à long terme, les Sociétés coopératives, les Associations syndicales et les autres Associations ayant reçu des avances de l'Etat.

Section III. — Opérations communes aux caisses locales et aux caisses régionales

ART. 14. — .. ..

CHAPITRE III

Fonctionnement

ART. 16. — .. ..

TITRE II

Sociétés coopératives agricoles. — Associations syndicales agricoles
Sociétés d'intérêt collectif agricole

ART. 22. — .. ..

TITRE III

Avances de l'Etat

ART. 26. — L'avance de 40 millions de francs et la redevance annuelle à verser au Trésor par la Banque de France, en vertu de la convention du 26 octobre 1917, approuvée par la loi du 20 décembre 1918, sont à la disposition du Gouvernement, pour être remises à titre d'avances aux caisses régionales.

Un décret, pris sur la proposition du ministre de l'agriculture et du ministre des finances, fixe la proportion dans laquelle ces sommes sont affectées à des avances pour prêts à court terme ou à des avances pour prêts à des Sociétés coopératives et à des Associations syndicales ou à des Associations d'intérêt collectif agricole.

ART. 27. — La répartition des avances accordées, en vertu de la présente loi, est faite par l'Office national du crédit agricole.

ART. 28. — Les avances pour prêts à court terme et à moyen terme sont consenties en comptes courants à l'Office national de crédit agricole.

Les avances que les caisses régionales peuvent recevoir pour l'attribution de prêts individuels à long terme sont fixées suivant le nombre et l'importance des demandes dont seront saisies les caisses régionales.

Les sociétés coopératives agricoles, les associations syndicales libres, les sociétés d'intérêt collectif agricole peuvent recevoir des avances égales à six fois leur capital versé en argent ou en nature, lorsque les statuts comportent une clause de responsabilité conjointe et solidaire de tous les sociétaires ou bien lorsque tout ou partie des membres du conseil d'administration ont souscrit un engagement solidaire de remboursement jugé, sous sa responsabilité, suffisant par la caisse régionale intermédiaire.

Les avances aux associations syndicales autorisées seront proportionnées à l'importance des travaux qu'elles auront à exécuter.

ART. 29. — Toutes les avances de l'Etat deviennent immédiatement remboursables en cas de violation de statuts ou de modifications à ces statuts qui diminueraient les garanties de remboursement. Elles peuvent être exigibles en cas de malversations des administrateurs et du directeur des sociétés ayant reçu des avances. L'Etat a un privilège sur les parts des sociétés auxquelles il a consenti des avances.

ART. 30. — Le règlement d'administration publique prévu à l'article 42 déterminera dans le détail la procédure à suivre pour l'attribution des avances et précisera les dispositions que devront contenir les statuts des sociétés appelées au bénéfice de ces avances.

Il fixera, en ce qui concerne les avances aux sociétés coopératives, aux associations syndicales et aux sociétés d'intérêt collectif agricole, le mode et la forme des enquêtes préliminaires à ouvrir, ainsi que les garanties à prendre pour assurer le remboursement des avances et les moyens de surveillance à exercer pour qu'elles ne soient pas détournées de leur affectation particulière.

TITRE IV

Dispositions fiscales et dispositions relatives au régime des prêts hypothécaires

ART. 31. — .. ..

ART. 34. — Les dispositions des articles 32 à 42 inclus et de l'article 47 du décret du 28 février 1852, sur les sociétés de crédit foncier, relatives à l'expropriation et à la vente en cas de non-payement des annuités ou pour tout autre cause et à la dispense de renouvellement décennal des inscriptions hypothécaires, pendant toute la durée des prêts, sont étendues aux caisses de crédit agricole pour toutes leurs opérations hypothécaires.

La purge des hypothèques légales peut être valablement opérée avant la réalisation de leurs prêts garantis par hypothèques, par les caisses de crédit agricole qui accomplissent les formalités prescrites par les articles 19 à 25 du décret du 28 février 1852, modifiés par la loi du 10 juin 1853, sur les sociétés de crédit foncier.

TITRE V

De l'office national et de la commission plénière du crédit agricole

ART. 35. — Il est créé un office national du crédit agricole.

Cet office est un établissement public possédant l'autonomie financière.

D'une façon générale, il assure l'application de la présente loi.

Il a notamment pour objet :

1° La gestion de la dotation du crédit agricole ;

2° La gestion des dépôts de fonds reçus par les caisses régionales de crédit agricole mutuel, et qui lui sont confiées par elles ;

3° L'émission de bons par l'intermédiaire des caisses régionales de crédit agricole mutuel ;

4° La gestion des crédits votés, en application de la loi du 4 mai 1918, relative à la mise en culture des terres abandonnées.

ART. 36. — L'office est administré par un conseil d'administration sous le contrôle d'une commission plénière composée de trente membres.

La commission plénière est présidée par le ministre de l'agriculture. Elle est composée pour un cinquième de représentants du Sénat et de la Chambre des députés, pour deux cinquièmes de délégués élus par les caisses régionales de crédit agricole mutuel et pour deux cinquièmes de membres nommés par décret sur la proposition du ministre de l'agriculture et du ministre des finances et choisis parmi les hautes personnalités prises dans l'administration.

Les membres du conseil sont nommés par la commission plénière. Ils sont au nombre de sept.

La direction de l'office est confiée à un directeur général nommé par décret sur la proposition du ministre de l'agriculture. Ce fonctionnaire remplit les fonctions d'administrateur de l'office et ne peut être révoqué que sur la proposition de la commission plénière et du conseil d'administration.

Un agent comptable soumis à l'inspection des finances et justiciable de la cour des comptes est également nommé par décret sur la proposition du ministre de l'agriculture et du ministre des finances.

ART. 37. — Les ressources de l'office comprennent :

1° Le revenu des fonds dont il a la gestion ;

2° La dotation du crédit agricole ;

3° Les sommes provenant des remboursements effectués par les comités départementaux d'action agricole, en exécution de la loi du 4 mai 1918 ;

4° Les crédits qui peuvent lui être affectés par mesure législative ;

5° Les dons, legs ou libéralités de toute nature qu'il pourrait recevoir.

En cas de dissolution, les valeurs provenant de cette dernière source seront attribuées, par décret rendu en conseil d'Etat, à des établissements publics ou reconnus d'utilité publique susceptibles d'exécuter les intentions des donateurs.

ART. 38. — L'office national effectue toutes ses opérations au moyen de comptes courants au Trésor, à la caisse des dépôts et consignations et à la Banque de France.

ART. 39. — Le budget de l'office est arrêté par le conseil d'administration et approuvé par le ministre de l'agriculture et le ministre des finances après avis de la commission plénière.

Le compte administratif de l'ordonnateur et le compte de gestion de l'agent comptable sont soumis chaque année à la délibération du conseil d'administration et à l'avis de la commission plénière. Le compte administratif sera définitivement réglé par décret.

ART. 40. — Le service central du crédit, de la coopération et de la mutualité agricoles au ministère de l'agriculture est rattaché à l'office national du crédit agricole.

TITRE VI

Inspection et contrôle. — Dispositions générales

ART. 41. — Le contrôle permanent de l'inspection générale des associations agricoles et des institutions de crédit s'exerce sur l'office national du crédit agricole et sur les sociétés ou associations, de quelque nature qu'elles soient, qui ont reçu des avances de l'Etat sur la dotation du crédit agricole.

ART. 42. — Le ministre de l'agriculture présente chaque année, au Président de la République, un rapport sur les opérations faites en exécution de la présente loi. Ce rapport sera publié au **Journal officiel.**

ART. 43. — Dans les six mois de la promulgation de la loi, un règlement d'administration publique en déterminera les conditions d'application.

ART. 44. — Sont abrogées les lois des 5 novembre 1894, 31 mars 1899, 25 décembre 1900, 20 juillet 1901, 20 décembre 1906, 14 janvier 1908, 18 février 1910, 19 mars 1910, 26 février 1912, 30 novembre 1913, 9 avril 1918, 21 juin 1919 et toutes les dispositions contraires à la présente loi.

DOCUMENTS A CONSULTER. — DÉCRET DU 9 FÉVRIER 1921 (J. O. du 11, p. 1857) portant règlement d'administration publique pour l'application de la loi du 5 août 1920 sur le Crédit mutuel et la Coopération agricoles. — DÉCRET DU 3 JUIN 1921 (J. O. du 9, p. 6624) fixant la proportion dans laquelle la dotation du Crédit agricole est répartie entre les différentes formes de crédit instituées par la loi du 5 août 1920. — DÉCRET DU 7 JUILLET 1921 (J. O. du 18, p. 8314) relatif aux conditions dans lesquelles la Caisse Nationale d'assurance en cas de décès est autorisée à passer des contrats d'assurance en cas de décès avec les titulaires de prêts individuels à long terme de la loi du 5 août 1920. — ARRÊTÉ DU 19 MAI 1921 (J. O. du 21, p. 5965) relatif aux pièces à fournir par les institutions qui demandent l'attribution d'avances à l'Office national de Crédit agricole et aux pièces à fournir par lesdites institutions en vue du contrôle de leurs opérations. — ARRÊTÉ DU 1er JUILLET 1921 (J. O. des 4 et 5, pp. 7608 et 7634) relatif au fonctionnement financier de l'Office national du Crédit agricole. — CIRCULAIRE INTERMINISTÉRIELLE DU 25 MAI 1922 (J. O. du 31, p. 5657) relative aux facilités accordées pour l'accession à la petite propriété rurale et le développement des habitations à bon marché. — Voir également : CIRCULAIRE DU 20 DÉCEMBRE 1921 (J. O. du 25, p. 14056) relative à l'application de la loi du 19 avril 1921 concernant la petite propriété et ARRÊTÉ DU 20 DÉCEMBRE 1921 (J. O. du 25, p. 14057) relatif aux pièces à fournir par les Sociétés de Crédit Immobilier à l'appui de leurs demandes d'avances à l'Office National du Crédit agricole et aux pièces à fournir en vue du Contrôle de leurs opérations.

TABLEAU *indiquant : 1° les maxima de valeurs locatives applicables aux logements des maisons à bon marché destinées à l'habitation collective ; 2° les maxima de valeurs locatives applicables aux maisons individuelles ; 3°* **et les maxima de prix de revient applicables aux maisons individuelles.**

DÉSIGNATION	LOGEMENTS comprenant 3 pièces habitables ou plus, de 9 m. superficiels au moins, avec cuisine et water-closets, et ayant une superficie totale d'habitation entre les murs et cloisons de		LOGEMENTS comprenant 2 pièces habitables, de 9 m. superficiels au moins, avec cuisine et water-closets, et ayant une superficie totale d'habitation entre les murs et cloisons de		LOGEMENTS comprenant 1 pièce destinée à l'habitation, de 9 mètres superficiels au moins et cuisine, et ayant une superficie totale d'habitation entre les murs et les cloisons de		LOGEMENTS comprenant 1 chambre isolée de 9 m. superficiels au moins, et ayant une superficie totale d'habitation entre les murs et cloisons de	
	35 à 45 mètres carrés	Plus de 45 mètres carres	25 à 35 mètres carrés	Plus de 35 mètres carrés	15 à 25 mètres carrés avec ou sans W. C.	Plus de 25 mètres carrés avec W. C.	9 à 15 mètres carrés avec ou sans W. C.	Plus de 15 mètres carres avec W. C.
	1	1 *bis*	2	2 *bis*	3	3 *bis*	4	4 *bis*
	fr.	fr.	fr.	fr.	fr.	fr.	fr.	fr.
Première Catégorie								
Communes de moins de 40,000 habitants								
VALEUR LOCATIVE (Logement de maison collective..	672	728	546	595	420	425	210	231
Maison individuelle..............	806	874	655	714	504	546	252	277
Prix maximum de revient de maison individuelle..................................	**20.150**	**21.850**	**16.375**	**17.850**	**12.600**	**13.650**	**6.300**	**6.925**
Deuxième Catégorie								
Communes de plus de 40,000 habitants et banlieue de ces communes dans un rayon de 20 kil.								
VALEUR LOCATIVE (Logement de maison collective..	840	910	672	728	504	546	294	322
Maison individuelle..............	1.008	1.092	806	874	605	655	353	386
Prix maximum de revient de maison individuelle..................................	**25.200**	**27.300**	**20.150**	**21.850**	**15.125**	**16.375**	**8.825**	**9.650**
Troisième Catégorie								
Ville de Paris et département de la Seine								
VALEUR LOCATIVE (Logement de maison collective..	1.008	1.092	840	910	588	637	336	364
Maison individuelle..............	1.210	1.310	1.008	1.092	706	764	403	437
Prix maximum de revient de maison individuelle..................................	**30.250**	**32.750**	**25.200**	**27.300**	**17.650**	**19.100**	**10.075**	**10.925**

NOTA. — Pour l'établissement du prix de revient des maisons individuelles, il ne doit être fait état que de la valeur de la portion de terrain couverte ou entourée par la construction. D'autre part, la dépense afférente aux canalisations pour amenée d'eaux et pour évacuation des vidanges et eaux usées jusqu'à leur entrée dans la maison, n'est pas à comprendre dans ce prix de revient, non plus que le prix des appareils d'épuration des vidanges et des eaux usées.

ANNEXE III

TABLEAU DES 112 SOCIÉTÉS DE CRÉDIT IMMOBILIER
existantes à la date du 5 Décembre 1922

SIÈGE SOCIAL	DÉSIGNATION des SOCIÉTÉS ET ADRESSE DES BUREAUX	DATE DE LA CONSTITUTION	CAPITAL SOCIAL Garantie | Départ¹⁵ Com¹⁵	DATE DE L'APPROBATION
	AIN			
Oyonnax	Société de crédit immobilier du canton d'Oyonnax.....	14 Janvier 1920	150.000	24 Avril 1920
	AISNE			
Saint-Quentin	Société de crédit immobilier du Vermandois, 52, rue d'Isle	14 Mars 1913	100.000	12 Juillet 1913
Vervins	Société de crédit immobilier du département de l'Aisne. 88, rue de Charleville, à Hirson	16 Mars 1913	200.000	18 Juin 1913
Château-Thierry	Société de crédit immobilier de l'arrondissement de Château-Thierry, 35, avenue de Soissons..........	25 Mars 1922	100.000	17 Novembre 1922
	ALLIER			
Montluçon	Société de crédit immobilier de Montluçon (P.-O.) 11, pl. Jean-Jaurès	18 Janvier 1921	200.000	10 Mars 1921
Moulins	Société de crédit immobilier de Moulins, 3, r. de Paris.	26 Mai 1922	160.000	23 Octobre 1922
	ALPES-MARITIMES			
Nice	Société de crédit immobilier des Alpes-Maritimes, avenue Maréchal-Foch, 32.....	3 Juin 1922	100.000	12 Juillet 1922
	ARDENNES			
Charleville	Société de crédit immobilier des Ardennes, 50, cours d'Orléans	19 Avril 1912	100.000	2 Septembre 1912
	AUBE			
Nogent-s.-Seine	Société de crédit immobilier de Nogent-sur-Seine, à la Caisse d'épargne..........	24 Avril 1914	100.000	27 Mai 1913
Troyes	Société de crédit immobilier de l'arrondissement de Troyes, 30, rue Dominique.	11 Janvier 1914	500.000	15 Juillet 1914
	AVEYRON			
Rodez	Société de crédit immobilier du département de l'Aveyron, 2, boulev. de Guizard.	26 Juillet 1913	100.000	8 Décembre 1913
Decazeville	Société de crédit immobilier de Decazeville............	19 Avril 1914	100.000	12 Mai 1914
	BOUCHES-DU-RHONE			
Marseille	Société marseillaise de crédit immobilier, 61, rue Grignan	24 Février 1913	100.000	5 Avril 1913
Aix	Société de crédit immobilier des Prévoyants de l'Avenir d'Aix-en-Provence, 28, cours Gambetta	18 Avril 1921	111.200 G. C.	14 Décembre 1921

SIÈGE SOCIAL	DÉSIGNATION DES SOCIÉTÉS ET ADRESSE DES BUREAUX	DATE DE LA CONSTITUTION	CAPITAL SOCIAL Garantie { Départ^{le} Com^e	DATE DE L'APPROBATION
	CALVADOS			
Caen	Société de crédit immobilier du Calvados, 5, rue du Moulin	4 Janvier 1913	200.000 G. D.	29 Janvier 1913
Caen	Société de crédit immobilier de la vallée de l'Orne, 56, rue de Geole..........	28 Juin 1920	400.000	24 Août 1920
	CHARENTE			
Angoulême	Société de crédit immobilier du département de la Charente, 1, rue de Friedland.	15 Février 1913	100.000	17 Avril 1913
	CHARENTE-INFÉRIEURE			
La Rochelle	Société de crédit immobilier des Prévoyants de l'Avenir de la Rochelle, 16, place de Verdun	10 Juillet 1922	100.000	31 Octobre 1922
	CHER			
Vierzon	Société de crédit immobilier de Vierzon (P.-O.), 5, rue Alexandre-Millerand	26 Février 1921	100.000	12 Août 1921
	CORRÈZE			
Brive	Société de crédit immobilier de l'arrondissement de Brive, Grand'Place........	29 Juillet 1914	100.000	19 Juillet 1915
Brive	Société de crédit immobilier de Corrèze (P.-O.), gare de Brive	25 Novembre 1920	200.000 G. D.	10 Mars 1921
	COTE-D'OR			
Dijon	Société de crédit immobilier pour le département de la Côte-d'Or, cour des Pompes maison de la mutualité..	30 Avril 1912	310.000 G. D.	12 Juin 1912
Montbard	Société de crédit immobilier populaire pour le canton de Montbard, 3, route de Semur	10 Décembre 1913	100.000	31 Décembre 1913
	DORDOGNE			
Périgueux	Société de crédit immobilier de Périgueux (P.-O.), rue Gambetta, 88..............	25 Février 1921	100.000	7 Juin 1921
	DOUBS			
Besançon	Société de crédit immobilier et d'encouragement à la petite propriété de Besançon, 70, Grande-Rue......	4 Janvier 1912	200.000	17 Mai 1912
	DROME			
Valence	Société de crédit immobilier de la Drôme, Caisse d'épargne	26 Janvier 1914	100.000	2 Juin 1914
Romans	Société de crédit immobilier des établissements Ulysse Roux	23 Août 1919	100.000	4 Novembre 1919
	EURE			
Evreux	Société de crédit immobilier du département de l'Eure, 44, rue de la Harpe......	22 Janvier 1914	100.000 G. D.	28 Avril 1914

SIÈGE SOCIAL	DÉSIGNATION des SOCIÉTÉS et adresse des bureaux	DATE de la constitution	CAPITAL SOCIAL Garantie | Depart⁰ Com⁰	DATE de l'approbation
	EURE-ET-LOIR			
Chartres	Société de crédit immobilier d'Eure-et-Loir, 34, boulevard Chasles	29 Août 1913	100.000	23 Septembre 1913
Chartres	Société de crédit immobilier l'Aide au foyer d'Eure-et-Loir, 15, place des Halles.	18 Avril 1914	100.000	12 Mai 1914
	FINISTÈRE			
Quimper	Société de crédit immobilier du Sud-Finistère, 4, rue de la Mairie	7 Août 1919	200.800 G. D.	12 Décembre 1919
Brest	Société de crédit immobilier du Nord-Finistère, cité Familiale	9 Juillet 1922	265.000	4 Novembre 1922
	GARD			
Alaïs	Société de crédit immobilier de l'arrondissement d'Alaïs, à la Caisse d'épargne....	19 Juin 1913	110.500	15 Juillet 1913
	GIRONDE			
Bordeaux	Société de crédit immobilier de la Gironde, 8, rue Reignier	28 Avril 1911	204.000 G. D.	10 Juillet 1911
Bordeaux	Société de crédit immobilier de Bordeaux (P.-O.), rue Vital-Carles, 22	21 Février 1921	200.000	12 Août 1921
	HÉRAULT			
Montpellier	Société montpelliéraine de crédit immobilier, à la caisse d'épargne	1ᵉʳ Juillet 1913	150.000 G. C.	27 Novembre 1913
Béziers- Saint-Pons	Société de crédit immobilier des arrondissements de Béziers et de Saint-Pons, au bureau de bienfaisance de Béziers	25 Septembre 1921	100.000	20 Avril 1922
	ILLE-ET-VILAINE			
Rennes	Société de crédit immobilier d'Ille-et-Vilaine, 5, rue de Robien	12 Juillet 1922	400.000	15 Septembre 1922
	INDRE-ET-LOIRE			
Tours	Société de crédit immobilier de Tours (P.-O.), gare de Tours	8 Janvier 1921	400 000	16 Mars 1921
Luynes	Société de crédit immobilier de Tours	1ᵉʳ mars 1922	100.000	28 Novembre 1922
	ISÈRE			
Vienne	Société viennoise de crédit immobilier, à la caisse d'épargne	12 Novembre 1912	100.000	16 Mai 1913
Grenoble	Société de crédit immobilier des arrondissements de Grenoble, Saint-Marcellin et la Tour-du-Pin, boulevard Edouard-Rey	17 Février 1913	200.000 G. D.	3 Avril 1913
Voiron	Société voironnaise de crédit immobilier, à la caisse d'épargne	12 Mars 1913	100.000	30 Août 1913
	JURA			
Lons-le-Saunier	Société de crédit immobilier du département du Jura, 18, rue Perrin	4 Avril 1913	100.000	4 Juin 1913

SIÈGE SOCIAL	DÉSIGNATION DES SOCIÉTÉS ET ADRESSE DES BUREAUX	DATE DE LA CONSTITUTION	CAPITAL SOCIAL Garantie / Départ¹ᵉ Com¹ᵉ	DATE DE L'APPROBATION
	LOIR-ET-CHER			
Blois	Société de crédit immobilier de Loir-et-Cher, 30, rue du Mail	19 Novembre 1912	300.000	9 Janvier 1913
	LOIRE			
Saint-Etienne	L'Aide au foyer stéphanois, maison de la mutualité, cours Victor-Hugo	1ᵉʳ Juin 1910	200.000	29 Octobre 1912
Saint-Chamond	Société de crédit immobilier de Saint-Chamond, 3, av. de la Gare	5 Octobre 1912	200.000	20 Juin 1912
	LOIRE-INFÉRIEURE			
Nantes	Société de crédit immobilier de la Loire-Inférieure, à la préfecture de Nantes	26 Février 1914	100.000 G. D.	10 Août 1914
Nantes	Société de crédit immobilier de Nantes (P.-O.), 19, rue du Moulin	31 Mars 1921	200.000	2 Août 1921
	LOIRET			
Orléans	La Ruche ouvrière d'Orléans, 2, imp. de la Ruche.	15 Février 1913	100.000 G. D.	24 Juillet 1913
Orléans	Société de crédit immobilier d'Orléans (P.-O.), gare d'Orléans	14 Janvier 1921	200.000	16 Mars 1921
Montargis	Société de crédit immobilier de Montargis, à la caisse d'épargne	14 Janvier 1921	100.000	7 Juin 1921
	LOT			
Figeac	Société de crédit immobilier de Figeac (P.-O.), rue Delzhens	20 Avril 1921	200.000	14 Novembre 1921
	LOZÈRE			
Marvejols	Société de crédit immobilier de la Lozère	2 septembre 1922	100.000	20 Novembre 1922
	MARNE			
Reims	Société de crédit immobilier de l'arrondissement de Reims, 6, rue de la Grosse-Écritoire	31 Octobre 1912	315.000 G. D.	5 Avril 1913
	MARNE (HAUTE-)			
Chaumont	Société de crédit immobilier de la Haute-Marne, 1, bd. Voltaire	12 Mai 1911	200.000	21 Juillet 1911
	MEURTHE-ET-MOSELLE			
Nancy	Société de crédit immobilier pour le département de Meurthe-et-Moselle, 40, rue Gambetta	17 Mars 1911	200.000	11 Avril 1911
Nancy	Société lorraine de crédit immobilier, 6, r. de l'Equitation	13 Mai 1913	100.000	27 Mai 1913
	NIÈVRE			
Nevers	Société de crédit immobilier de Nevers, à la caisse d'épargne	15 Février 1913	200.000	1ᵉʳ Juillet 1913

SIÈGE SOCIAL	DÉSIGNATION des SOCIÉTÉS et ADRESSE DES BUREAUX	DATE DE LA CONSTITUTION	CAPITAL SOCIAL Garantie (Dépar\[tⁱᵉ\] / Comⁱᵉ	DATE DE L'APPROBATION
NORD				
Lille	Société de crédit immobilier de l'arrondis. de Lille, 116, rue de l'Hôpital-Militaire	29 Mars 1911	2.750.000 G. D.	18 Avril 1911
Blanc-Misseron	Société de crédit immobilier de la Sambre	20 Avril 1911	500.000	4 Août 1911
Dunkerque	Société de crédit immobilier de l'arrond. de Dunkerque, 33, rue Albert-Iᵉʳ	5 Décembre 1912	100.000 G. D.	18 Janvier 1913
Avesnes	Société de crédit immobilier de l'arrond. d'Avesnes, r. de Landrecies, 24	30 Décembre 1912	350.000 G. D.	20 Janvier 1913
Valenciennes	Société valenciennoise de crédit immobilier, à la caisse d'épargne, 15, rue Capron	21 Février 1913	200.000 G. D.	4 Juin 1913
Cambrai	Société de crédit immobilier du Cambrésis, 13, r. Jean-Macé	29 Mars 1913	300.000 G. D.	1 Juin 1913
Douai	Société de crédit immobilier de l'arrondissement de Douai, 15, rue de l'Université	3 Avril 1913	300.000 G. D.	1ᵉʳ Juillet 1913
Hazebrouck	Société de crédit immobilier de l'arrondissement d'Hazebrouck, 11, Grande-Rue de l'Eglise	18 Mai 1913	100.000 G. D.	9 Juin 1913
Saint-Amand	Société de crédit immobilier des deux cantons de Saint-Amand-les-Eaux, 68, r. de Marillon	31 Mai 1913	100.000 G. D.	10 Juillet 1913
Condé	Société de crédit immobilier du canton de Condé	15 Juin 1913	100.000	8 Août 1913
OISE				
Compiègne	Société de crédit immobilier de l'arrondissement de Compiègne, 2, r. de Paris.	24 Mai 1922	100.000	19 Juin 1922
PAS-DE-CALAIS				
Arras	Société de crédit immobilier du Pas-de-Calais, 55, rue d'Amiens	24 Octobre 1908	236.000 G. D.	24 Décembre 1908
Saint-Omer	Société de crédit immobilier de l'arrondissement de Saint-Omer, 8 bis, place Saint-Sépulcre	2 Mai 1912	125.000	3 Juin 1912
Boulogne	Société de crédit immobilier de l'arrondissement de Boulogne-sur-Mer, 26 bis, rue Saint-Jean	16 Septembre 1913	200.000	25 Octobre 1913
PUY-DE-DOME				
Clermond-Ferrand	Société de crédit ouvrier de Clermont-Ferrand, à la caisse d'épargne	6 Janvier 1911	100.000	2 Juin 1911
PYRÉNÉES (BASSES-)				
Pau	Société paloise de crédit immobilier, 15, rue Samonzet	12 Janvier 1911	200.000 G. D.	24 Mai 1911
Bayonne	Société bayonnaise de crédit immobilier, 7, rue Thiers	9 Septembre 1912	100.000	3 Avril 1913
PYRÉNÉES (HAUTES-)				
Tarbes	Société de crédit immobilier des Hautes-Pyrénées, 17, avenue Maréchal-Joffre	9 Mai 1921	200.000	23 Juillet 1921
PYRÉNÉES-ORIENTALES				
Perpignan	Société de crédit immobilier des Pyrénées-Orientales, 5 bis, r. de la République.	4 Novembre 1912	190.000 G. D.	22 Novembre 1912

SIÈGE SOCIAL	DÉSIGNATION des SOCIÉTÉS ET ADRESSE DES BUREAUX	DATE DE LA CONSTITUTION	CAPITAL SOCIAL Garantie / Départ⁰ Com⁰	DATE DE L'APPROBATION
		RHIN (BAS-)		
Strasbourg	Société de crédit immobilier de Strasbourg et environs, 1, quai Lezay-Marnézia...	17 Novembre 1921	252.000	7 Mars 1922
		RHIN (HAUT-)		
Mulhouse	Société de crédit immobilier de Mulhouse, 30, rue de la Justice	21 Mai 1921	150.000	7 Novembre 1921
		RHONE		
Lyon	Société lyonnaise de crédit immobilier, 12, rue de la Bourse	23 Mai 1912	500.000 G. C.	24 Juillet 1912
		SARTHE		
Le Mans	Société de crédit immobilier de la Sarthe, 30, rue Paul-Ligneul	19 Juillet 1913	150.000 G. D.	8 Septembre 1913
		SAVOIE (HAUTE-)		
Annecy	Société de crédit immobilier de la 1,534ᵉ section des Prévoyants de l'Avenir...	10 Septembre 1921	100.000	10 Février 1922
		SEINE		
Paris	Société centrale de crédit immobilier, 20, rue Saint-Augustin (2ᵉ)...............	21 Janvier 1911	2.200 000 G.D.	8 Février 1911
Paris	Société de crédit immobilier de l'Ile-de-France, 6, rue de l'Isly (8ᵉ)...............	22 Février 1912	262.000 G.D.	11 Avril 1912
Epinay-s.-Seine	Société de crédit immobilier de la région de Saint-Denis, 22, r. Alexand.-Ribot.	7 Mars 1913	1.000.000	17 Avril 1913
Paris	Société de crédit immobilier de Paris (P.-O.), 1, place Valhubert	15 Octobre 1920	400.000	28 Décembre 1920
Paris	Société générale de crédit immobilier de Paris, 32, r. de Bièvre (5ᵉ)...............	25 Janvier 1921	100.000	23 Juillet 1921
Thiais	Société anonyme de crédit immobilier des Prévoyants de l'Avenir de Choisy-le-Roi, 24, av. de Villeneuve à Thiais (Seine)..........	5 août 1922	100.000	2 Décembre 1922
		SEINE-ET-MARNE		
Coulommiers	Société de crédit immobilier de l'arrondissement de Coulommiers, à la caisse d'épargne	27 Novembre 1912	100.000	17 Décembre 1912
Provins	Société de crédit immobilier de Provins, à l'Hôtel de Ville	8 Juin 1913	100.000	16 Septembre 1913
Paris	Société de crédit immobilier de Seine-et-Marne, 2, rue François-Coppée	15 Juin 1922	300.000	17 Novembre 1922
		SEINE-ET-OISE		
Paris	Société d'encouragement aux habitations à bon marché de Seine-et-Oise, 60, rue de la Chaussée-d'Antin	19 Août 1912	100.000	29 Novembre 1912
Eaubonne	Société de crédit immobilier de l'arrondissement de Pontoise et environs, 8, r. de l'Avenir	20 Mai 1913	200.000 G. D.	24 Juillet 1913
		SEINE-INFÉRIEURE		
Le Havre	Société havraise de crédit immobilier, 12, quai de Marseille	5 Décembre 1908	269.000 G. D.	29 Janvier 1909
Dieppe	Société de crédit immobilier de l'arrondissement de Dieppe, 12, rue Claude-Groulard	3 Septembre 1909	225.000 G. D.	20 Janvier 1910

SIÈGE SOCIAL	DÉSIGNATION des SOCIÉTÉS ET ADRESSE DES BUREAUX	DATE DE LA CONSTITUTION	CAPITAL SOCIAL, Garantie | Départ^t Comⁿ	DATE DE L'APPROBATION
	SEINE-INFÉRIEURE (*suite*)			
Rouen	Société de crédit immobilier de l'arrondissement de Rouen, 31, r. St-Julien..	23 Mai 1912	110.000 G. D.	29 Juillet 1912
Yvetot	Société de crédit immobilier de l'arrondissement d'Yvetot	22 Septembre 1920	100.000	22 Juin 1921
	SOMME			
Amiens	Société de crédit immobilier de la Somme, 29, rue de Noyon	20 Novembre 1912	200.000 G. D.	27 Décembre 1912
Abbeville	Société de crédit immobilier d'Abbeville et de l'arrondissement, à la caisse d'épargne	20 Novembre 1913	100.000	13 Février 1914
	TERRITOIRE DE BELFORT			
Belfort	Société d'encouragement au Foyer à bon marché de l'Est	26 Juillet 1910	230.000	13 Août 1910
	VAR			
Toulon	Société de crédit immobilier de Toulon, 95, cours La-fayette	18 Mai 1911	100.000	16 Juillet 1911
	VAUCLUSE			
Avignon	Société de crédit immobilier d'Avignon, 92, rue Joseph-Vernet	29 Janvier 1914	100.000 G. D.	22 Avril 1914
Orange	Société de crédit immobilier de l'arrondissement d'O-range, à la caisse d'éparg.	16 Juillet 1914	103.000	31 Août 1914
	VENDÉE			
La Roche-s.-Yon	Société de crédit immobilier de la Vendée, à la caisse d'épargne	13 Mars 1922	157.000	3 Août 1922
	VIENNE (HAUTE-)			
Limoges	Société de crédit immobilier de la Haute-Vienne, 8, bd. Montmailler	12 Août 1913	500.000 G. D.	26 Août 1913
Limoges	Société de crédit immobilier de Limoges (P.-O.), gare des Bénédictins	5 Février 1921	100.000	17 Mai 1921
	VOSGES			
Epinal	Société de crédit immobilier des Vosges, 13, r. des Forts	8 Septembre 1913	100.000 G. D.	25 Octobre 1913
Saint-Dié	Société de crédit immobilier de Saint-Dié, quai Carnot.	2 Décembre 1913	100.000	18 Décembre 1913
	YONNE			
Sens	Société de crédit immobilier de Sens, à la caisse d'é-pargne	10 Mai 1913	100.000	4 Juin 1913
Avallon	Société de crédit immobilier d'Avallon, à la caisse d'é-pargne	6 Avril 1914	100.000	25 Août 1914
	ALGÉRIE			
Alger	Société de crédit immobilier d'Alger, 2, rue Portalis.	30 Juin 1914	100.000	16 Juillet 1919

ANNEXE IV

UNION DES SOCIÉTÉS DE CRÉDIT IMMOBILIER DE FRANCE ET D'ALGÉRIE

STATUTS

Art. 1er. — Il est fondé entre les Sociétés de Crédit Immobilier constituées en France et en Algérie, dans les termes de la loi du 10 avril 1908, qui adhèrent ou adhéreront aux présents statuts, une association déclarée, régie par la loi du 1er juillet 1901.

Art. 2. — L'Association prend le nom d' « **Union des Sociétés de Crédit Immobilier de France et d'Algérie** ».

Art. 3. — L'Union a pour but :

1° De développer l'application de la législation sur les habitations à bon marché, sur la petite propriété, sur le bien de famille et sur le crédit immobilier ;

D'étendre l'action des Sociétés de Crédit Immobilier qui existent actuellement, de favoriser la création de nouvelles Sociétés de Crédit Immobilier ;

De grouper les Sociétés de Crédit Immobilier de France et d'Algérie ; de leur faciliter l'étude collective des conditions d'amélioration de leur fonctionnement, la défense de leurs droits et intérêts, et la recherche des progrès qui pourraient être signalés aux pouvoirs publics, au sujet de la législation relative à la prévoyance sociale ;

2° D'exercer sur les Sociétés de Crédit Immobilier affiliées à l'Union, un contrôle tendant à assurer la parfaite régularité du fonctionnement de ces Sociétés.

Art. 4. — Sauf l'exercice du droit de contrôle résultant de l'article 3, l'Union s'interdit toute ingérence dans l'administration intérieure des Sociétés adhérentes.

Art. 5. — Le siège de l'Union est fixé à Paris, 20, rue Saint-Augustin (1).

Il pourra être transféré ailleurs, par simple décision du Comité fédéral, mais seulement dans les limites de la Ville de Paris.

Art. 6. — La durée de l'Association est illimitée.

Art. 7. — L'Union ne se compose que de Sociétés de Crédit Immobilier constituées dans les termes de la loi du 10 avril 1908 et dont les statuts auront été approuvés par le Ministre du Travail et de la Prévoyance sociale.

Art. 8. — Le nombre des Sociétés adhérentes est illimité.

Art. 9. — L'admission de nouvelles Sociétés est prononcée par le Comité fédéral.

Toute demande d'admission doit être accompagnée d'une copie, certifiée conforme, des statuts de la Société et de l'arrêté d'approbation du Ministre du Travail et de la Prévoyance sociale. Elle implique l'adhésion sans réserve aux statuts de l'Union et aux règlements intérieurs, ainsi qu'aux modifications qui pourront y être régulièrement apportées.

Art. 10. — Toute Société adhérente est libre de se retirer de l'Union à toute époque, à condition de prévenir l'Union au moins un an à l'avance ; et, dans ce cas, toutes les opérations faites par la Société, dans le courant de l'année de préavis, seront astreintes aux obligations édictées en l'article 19.

Art. 11. — Toute Société adhérente qui ne remplirait pas exactement ses engagements ou qui ferait l'objet de rapports défavorables du service de l'inspection, pourra, sur la proposition du Comité fédéral et par une décision souveraine de l'Assemblée générale, les intéressés ayant été dûment appelés à présenter leurs observations, être rayée de la liste des adhérents.

Art. 12. — La Société qui, pour une raison quelconque, cesse de faire partie de l'Union, doit le montant intégral des cotisations pour l'année en cours ; elle ne peut prétendre à aucune part de l'actif de l'Union.

Art. 13. — Toute Société adhérente est représentée à l'Assemblée générale de l'Union par trois délégués, dont deux au moins sont pris dans son Conseil d'administration. Mais, un seul de ces délégués prendra part aux votes, avec le nombre de voix attribué à la Société d'après la règle suivante :

Chaque Société aura droit à une voix, et, en outre, à autant de voix supplémentaires qu'elle aura de fois deux cents prêts en cours au 31 décembre de l'année précédente. En aucun cas, elle ne pourra avoir droit à plus de trois voix en tout.

Les délégués doivent justifier au bureau de l'Union, de leur nomination par le Conseil d'administration ou par l'Assemblée générale de la Société qu'ils représentent.

Art. 14. — L'Union est administrée par un Comité fédéral de neuf à quinze membres, qu'élit, pour six années, parmi les délégués, l'Assemblée générale de l'Union, statuant à la majorité absolue, au premier tour, et à la majorité relative au second tour.

Il sera nommé, par l'Assemblée générale, à chaque membre du Comité fédéral, un suppléant qui pourra assister aux séances du Comité, mais qui n'y aura que voix consultative.

Le Comité fédéral est renouvelé par séries tous les deux ans.

Les deux premières séries comprendront chacune cinq membres ; et la troisième, le surplus des membres du Comité.

---

(1) Le siège social se trouvait à l'origine à Paris, rue Lavoisier, 4. Il a été transféré rue Coq-Héron, 9, puis rue Saint-Augustin, 20, en vertu de délibérations du Comité fédéral des 3 mars 1913 et 18 décembre 1922.

Pour les deux premières séries, le renouvellement aura lieu par tirage au sort. Le roulement une fois établi, le renouvellement aura lieu par ancienneté.

En cas de décès ou de démission d'un membre du Comité fédéral, le Comité peut lui désigner provisoirement un successeur et l'Assemblée générale suivante de l'Union procède à l'élection définitive.

Les membres sortants sont indéfiniment rééligibles.

ART. 15. — Le Comité fédéral choisit parmi ses membres un Président, un ou plusieurs Vice-Présidents et un Secrétaire-Trésorier ou un Secrétaire et un Trésorier, qui, nommés pour deux années, forment le bureau du Comité.

Les membres sortants sont indéfiniment rééligibles. *

ART. 16. — Toutes les fonctions de l'Union sont gratuites.

ART. 17. — Le Comité fédéral se réunit une fois par trimestre, et, en outre, toutes les fois qu'il est convoqué par son Président ou sur la demande du tiers au moins de ses membres.

Dans tous les cas, il est convoqué au moins huit jours francs à l'avance.

La présence du tiers au moins des membres du Comité est nécessaire pour la validité de ses délibérations. Les décisions sont prises à la majorité des voix. En cas de partage, la voix du Président est prépondérante.

Les procès-verbaux des séances sont signés du Président et du Secrétaire.

ART. 18. — Le Comité fédéral a les pouvoirs les plus étendus pour administrer les biens et affaires de l'Union.

Toutefois, celles de ses délibérations qui seraient relatives à une acquisition, à une aliénation ou à un échange d'immeuble, à des constitutions d'hypothèques, ou à des baux excédant neuf années, ne seraient valables qu'à la condition d'être ratifiées par l'Assemblée générale de l'Union.

Toute société dont un membre ne ferait pas partie du Comité fédéral pourra demander que celui-ci entende, dans sa prochaine réunion, sur un objet déterminé, un des délégués de cette Société.

ART. 19. — Le Comité fédéral choisit un ou plusieurs inspecteurs, qui, pris ou non parmi les Membres des Sociétés adhérentes, ont pour mission de s'assurer du parfait fonctionnement des Sociétés affiliées à l'Union, et de rechercher si elles sont gérées avec l'esprit pratique et la prudence qui doivent constituer pour elles des règles absolues.

Ces inspecteurs ont le droit de vérifier la comptabilité et la caisse de chaque société, de se faire présenter toutes pièces et donner tous renseignements qu'ils jugeront utiles.

L'inspection aura lieu aussi souvent que le Comité fédéral ou les inspecteurs eux-mêmes le jugeront à propos.

Un mois au plus après l'inspection, l'inspecteur devra adresser son rapport au Président de l'Union, qui, après communication à la Société intéressée, le transmettra, avec les observations du Comité fédéral et celles de la Société intéressée au Ministre du Travail et de la Prévoyance sociale, pour être communiqué à la Commission d'attribution des prêts instituée par l'article 8 de la loi du 10 avril 1908.

Des appointements ou indemnités pourront être attribués aux inspecteurs sur les fonds de l'Union ; et, afin de pourvoir aux frais de ce service et aux frais généraux, toute Société affiliée devra verser chaque année :

1° Une cotisation fixe de 30 fr. ;

2° Et une cotisation proportionnelle calculée, conformément au tarif ci-après, sur le montant des sommes qui, au 31 décembre de l'année précédente, resteront dues à la Société par ses emprunteurs, savoir :

De 100 à 500.000	0,10 °/₀₀
De 500 à 1.000.000	0,20 °/₀₀
De 1 à 2.000.000	0,25 °/₀₀
De 2 à 3.000.000	0,20 °/₀₀
De 3 à 4.000.000	0,10 °/₀₀
Au-dessus de 4.000.000	0,05 °/₀₀

Il n'est dû aucune cotisation proportionnelle sur les cent premiers mille francs.

Les cotisations seront perçues par tranches, et la cotisation applicable à chaque tranche s'ajoutera à celle de la précédente.

La cotisation fixe et la cotisation proportionnelle seront exigibles, chaque année, le 31 janvier.

Toutefois, les nouvelles Sociétés qui s'affilieront à partir du 1ᵉʳ janvier 1914 ne devront pour l'année au cours de laquelle sera ratifiée leur adhésion qu'une cotisation fixe et unique de 10 fr., exigible aussitôt après cette ratification.

Le taux des cotisations fixe et proportionnelle pourra être modifié par décision du Comité fédéral approuvée par l'Assemblée générale.

Les sommes restant disponibles sur le montant des cotisations après paiement de toutes les dépenses de l'Union constitueront un fonds de réserve, qui, sur décision de l'Assemblée générale, pourra être affecté notamment à couvrir les insuffisances de ressources résultant pour les Sociétés adhérentes, des pertes qu'elles auraient pu subir du fait de leurs opérations.

Ces allocations devront être intégralement employées par toute Société à laquelle elles auront été consenties, à désintéresser, jusqu'à due concurrence, l'Etat, des avances qu'il leur aurait faites.

ART. 20. — L'Union est représentée en justice et dans tous les actes de la vie civile par le Président du Comité fédéral, qui peut, à son tour, constituer des mandataires spéciaux, pris, avec l'autorisation du Comité fédéral, soit dans l'Union, soit en dehors de l'Union.

Le Président du Comité fédéral ou, à son défaut, l'un des Vice-Présidents, ordonnance les paiements.

ART. 21. — L'Assemblée générale de l'Union se compose de l'ensemble des délégués, nommés dans les conditions prévues par l'article 13.

Elle se réunit une fois par an dans le courant du premier trimestre, et, en outre, toutes les fois qu'elle est convoquée par le Comité fédéral ou sur la demande du tiers des délégués.

Le Comité fédéral arrête l'ordre du jour. Il sera tenu d'y inscrire toute question qui lui aura été signalée, un mois au moins avant la date de l'Assemblée générale, par quatre au moins des Sociétés adhérentes.

Dans tous les cas, l'Assemblée générale est convoquée au moins quinze jours francs à l'avance.

Le bureau du Comité fédéral forme le bureau de l'Assemblée.

ART. 22. — L'Assemblée générale ordinaire entend le rapport du Comité fédéral. Elle procède au renouvellement des membres de ce Comité.

Elle approuve les comptes de la gestion du Comité. Elle nomme un ou plusieurs Commissaires, étrangers au Comité, pour vérifier les comptes de l'exercice suivant.

L'Assemblée ne peut délibérer que sur les questions mises à son ordre du jour.

Elle délibère valablement, quel que soit le nombre des Sociétés représentées, sauf ce qui sera dit en l'article 25.

ART. 23. — Les délibérations sont prises à la majorité, chaque Société, quel que soit le nombre de ses délégués présents, n'ayant droit qu'au nombre de voix indiqué en l'article 13.

Toute Société dont aucun délégué ne pourrait assister à l'Assemblée générale, pourra s'y faire représenter par un des délégués d'une autre Société, porteur d'un mandat écrit, sans que ce délégué puisse réunir plus de trois voix.

Il est tenu procès-verbaux des séances, signés par le Président et le Secrétaire.

Art. 24. — Le patrimoine de l'Union répond seul des engagements contractés par elle. Aucune des Sociétés adhérentes, ni aucun des membres ou des délégués de ces Sociétés n'en sont tenus personnellement.

Art. 25. — Les statuts ne peuvent être modifiés et la dissolution de l'Union ne peut être décidée que par l'Assemblée générale représentant au moins la moitié des Sociétés affiliées possédant au moins la moitié du total des voix de l'Union et statuant à la majorité des voix.

Art. 26. — L'Assemblée qui prononce la dissolution désigne un ou plusieurs liquidateurs.

Après la dissolution, les biens de l'Union seront attribués par l'Assemblée générale à une ou plusieurs œuvres de prévoyance sociale.

Art. 27. — Les formalités prescrites par l'article 5 de la loi du 1ᵉʳ juillet 1901 pour la déclaration des associations seront remplies sur les présents statuts.

A cet effet, tous pouvoirs sont donnés au Président du Comité fédéral.

DÉCLARATION LÉGALE. — La déclaration prescrite par l'article 5 de la loi du 1ᵉʳ juillet 1901 a été faite le 20 avril 1912 à la Préfecture de Police du département de la Seine.

L'insertion légale a paru au « Journal Officiel » le 27 avril 1912.

Une expédition des statuts, le récépissé de la déclaration et un exemplaire du « Journal Officiel » ont été déposés au rang des minutes de Mᵉ Poisson, notaire à Paris, le 30 avril 1912.

UNION DES SOCIÉTÉS DE CRÉDIT IMMOBILIER DE FRANCE ET D'ALGÉRIE

20, Rue Saint-Augustin -- PARIS (2ᵉ)

TARIF Nº 1 DES IMPRIMÉS

ÉDITÉS

A L'USAGE DES SOCIÉTÉS DE CRÉDIT IMMOBILIER

AFFILIÉES A " L'UNION "

(Novembre 1922)

	PRIX FRANCO PAR			
	10	25	50	100
1. — Demande de prêt pour acquisition ou pour construction (avec indication des pièces à fournir)....	»	4.»»	6.50	10.»»
2. — Déclaration officieuse relative à l'application de la Loi du 10 Août 1922 (Réglementation de l'exercice du privilège du Trésor pour le recouvrement de la contribution extraordinaire sur les bénéfices de guerre) et texte des articles 7-8-9-10 et 12 de cette loi à remettre aux emprunteurs..................	»	3.»»	4.50	7.»»
3. — Ouverture de crédit pour construction (avec indication des droits d'enregistrement, des honoraires et des formalités à remplir).....................	»	7.50	12.»»	18.»»
4. — État détaillé des opérations à produire à la Caisse des Dépôts et Consignations avant le 15 Février de chaque année (Décret du 24 Août 1908, article 20, paragraphe Iᵉʳ, modifié par le Décret du 17 Août 1912, et Circulaire Ministérielle du 6 Décembre 1913 :				
Feuille simple...................... 75 prêts.	4.»»	8.50	13.»»	»
— intercalaire simple.......... 125 — .	4.»»	8.50	13.»»	»
— double..................... 200 — .	8.»»	17.»»	26.»»	»
— intercalaire double........ 250 — .	8.»»	17.»»	26.»»	»
5. — État prévisionnel des dépenses à effectuer à l'aide des fonds à provenir des demandes de réalisation sur emprunts contractés à la Caisse Nationale des Retraites pour la Vieillesse............ 50 prêts.	3.»»	6.»»	9.»»	14.»»
6. — État justificatif d'emploi des fonds provenant des réalisations effectuées sur emprunts contractés à la Caisse Nationale des Retraites pour la Vieillesse............................ 75 prêts.	3.50	7.50	12.»»	18.»»

Dans un but de simplification et d'économie les Sociétés sont instamment priées :

1º de réunir dans une même commande tous les imprimés dont elles ont besoin parmi ceux figurant au présent tarif et de s'en tenir strictement aux quantités indiquées qui ne peuvent être autrement détaillées ;

2° de formuler leur commande dans la partie *Correspondance* d'une formule de mandat-carte de versement au compte-courant postal de L'Union (146-61 PARIS) et de remettre cette formule avec le montant de la commande au bureau de Poste les desservant.

L'expédition des imprimés est faite en paquet recommandé, dans les 48 heures qui suivent la réception de la commande.

De la Purge des Hypothèques légales par les Sociétés de Crédit Immobilier, étude théorique et pratique suivie de formules par J. Dépinay, Membre du Conseil Supérieur des Habitations à Bon Marché. — Édition de la Société Française des Habitations à Bon Marché. — Prix : **5 francs**. — En vente à l'Union des Sociétés de Crédit Immobilier de France et d'Algérie.

POUR PARAITRE EN AVRIL 1923 :

Traité des Sociétés de Crédit Immobilier, de MM. Lardeur-Becquerel, Pranard et Séris. — Troisième Édition revue et mise au courant de la législation par Maurice Delavigne, Directeur de la Société Centrale de Crédit Immobilier, Secrétaire général de l'Union des Sociétés de Crédit Immobilier de France et d'Algérie, avec préface de M. Georges Risler, Membre du Conseil Supérieur des Habitations à Bon Marché, Président de l'Union, Président du Musée Social. — Un volume broché in-8° jésus de 175 pages environ. — Édition de l'Union des Sociétés de Crédit Immobilier. — Prix : **6 francs**.

Orléans — Imprimerie Moderne, 91, rue d'Illiers

CHARTRES (Eure-et-Loir)

Titulaire : M. Louis HUBERT, ✳, Maire de Chartres, Notaire honoraire, Vice-Président de la Société de Crédit Immobilier d'Eure-et-Loir.

Suppléant : M. Paul FRESNEAU, Trésorier de la Chambre de Commerce d'Eure-et-Loir, Président de la Société de Crédit Immobilier d'Eure-et-Loir.

CHAUMONT (Haute-Marne)

Titulaire : M. René-Louis SALMON, Secrétaire-Trésorier de « L'Union ».

Suppléant : M. André ROBERT, Industriel, Administrateur de la Société de Crédit Immobilier de la Haute-Marne.

DIEPPE (Seine-Inférieure)

Titulaire : M. P. DE LABORDE-NOGUEZ, Conseiller général de la Seine-Inférieure, Président de la Société de Crédit Immobilier de l'arrondissement de Dieppe.

Suppléant : M. Camille COCHE, ✳ Avoué honoraire, Administrateur de la Société de Crédit Immobilier de l'arrondissement de Dieppe.

LE HAVRE (Seine-Inférieure)

Titulaire : M. Emile DUPONT, Directeur des docks, Trésorier de la Société Havraise de Crédit Immobilier.

Suppléant : M. GUILLARD, Conseiller général de la Seine-Inférieure, Président de la Société Havraise de Crédit Immobilier.

LILLE (Nord)

Titulaire : M. Maxime DUCROCQ, premier Vice-Président de « L'Union ».

Suppléant : M. Fernand DEWAVRIN, ✳, Industriel, Président de la Société de Crédit Immobilier de l'arrondissement de Lille.

LYON (Rhône)

Titulaire : M. Francis SABRAN, ✳, Agent général de la Caisse d'Epargne de Lyon, Administrateur-Trésorier de la Société Lyonnaise de Crédit Immobilier.

Suppléant : M. Maurice BELLEMAIN, Secrétaire général de la Caisse d'Epargne de Lyon, Administrateur-Délégué de la Société Lyonnaise de Crédit Immobilier.

MARSEILLE (Bouches-du-Rhône)

Titulaire : Le comte HOUITTE DE LA CHESNAIS, Administrateur de la Société Immobilière Marseillaise, Membre du Conseil des Directeurs de la Caisse d'Epargne, Président de la Société Marseillaise de Crédit Immobilier.

Suppléant : M. Louis MONLAÜ, Directeur de la Société Marseillaise de Crédit Immobilier.

PARIS

Titulaire : M. Georges RISLER, Président de « L'Union ».

Suppléant : M. Eugène MONTET, O. ✳, Directeur adjoint du Musée Social, Vice-Président de la Société centrale de Crédit Immobilier.

REIMS (Marne)

Titulaire : M. Georges CHARBONNEAUX, Propriétaire-Viticulteur, Président de la Société de Crédit Immobilier de l'arrondissement de Reims.

Suppléant : M. Paul ROZEY, ✳, ancien Bâtonnier de l'Ordre des Avocats de Reims, Président de la Conférence des Caisses d'Epargne de l'Est et du Nord, Conseiller juridique de la Société de Crédit Immobilier de l'arrondissement de Reims.

STRASBOURG (Bas-Rhin)

Titulaire : M. Auguste BRION, Entrepreneur de Travaux publics, Président de la Société de Crédit Immobilier de Strasbourg et des environs.

Suppléant : M. Jean KEPPI, Adjoint au Maire de Strasbourg, Vice-Président de la Société de Crédit Immobilier de Strasbourg et des environs.

Secrétaire - Général :

M. Maurice DELAVIGNE, Directeur de la Société centrale de Crédit Immobilier.

Commissaire des Comptes :

M. Jean WALTER, Architecte du Gouvernement, Administrateur de la Société d'Encouragement au Foyer à bon marché de l'Est.